Hans Kronberger

BLUT FÜR ÖL

Der Kampf um die Ressourcen

Design, Layout und Satz: Raunigg & Partner Graz, www.raunigg.at
Lektorat: Dr. Arnold Klaffenböck
Druck: Druckerei Berger, Horn
Auslieferung für Österreich: Mohr Morawa, Wien
Auslieferung für Deutschland und Schweiz: Michaels Verlag & Vertrieb GmbH, Peiting

ISBN: 978-3-901626-52-4

Hans Kronberger

BLUT FÜR ÖL

Der Kampf um die Ressourcen

URANUS

Seite 07 **Zu diesem Buch**

Seite 09 **Her mit der solaren Sicherheit!**

Seite 13 **Die Zeichen erkennen**

Seite 17 **01** **Mit Blut geschrieben** Ein roter Faden durch die Weltgeschichte

Seite 21 Britische Öldiplomatie
Seite 26 Der Erste Weltkrieg
Seite 32 Zwischen den Kriegen
Seite 38 Asiatische Weltordnung
Seite 39 Ölgeld für Hitler?
Seite 41 Der Zweite Weltkrieg
Seite 44 Flächenbrand im Pazifik

Seite 47 **02** **Die neue Ölordnung** Energiehunger geht über alles

Seite 55 Öl durch den Suez-Kanal
Seite 57 Der Einstieg Italiens
Seite 58 Schauplatz Venezuela
Seite 62 Sechstagekrieg – sechs Monate Ölknappheit
Seite 65 1973 – Oktoberkrieg und Ölkrise

Seite 73 **03** **Krisenherd Afrika** Rohstoffe machen arm

Seite 74 Kongo
Seite 80 Angola
Seite 84 Nigeria
Seite 87 Algerien
Seite 89 Ägypten
Seite 92 Libyen

Inhalt

Seite 99 **04** **Krisenherd Golf**
Lug und Trug auf Schritt und Tritt

Seite 102 Kriegsherd Irak
Seite 104 Der erste Golfkrieg
Seite 107 Zweiter Golfkrieg
Seite 113 Die Rolle der Medien
Seite 117 „Operation Desert Fox"
Seite 119 Der dritte Golfkrieg
Seite 122 Arabischer Frühling

Seite 127 **05** **Krisenherd Mittelasien**
Der Ort der Begierde

Seite 130 Der Wettlauf um die Pipelines
Seite 132 Kampfplatz Afghanistan
Seite 140 Pipeline von Baku nach Ceyhan
Seite 142 Erster Tschetschenien-Krieg
Seite 143 Zweiter Tschetschenien-Krieg
Seite 145 Die Welt um das Kaspische Meer ist in Bewegung

Seite 149 **06** **Friede durch Sonne**
Eine Perspektive für das 21. Jahrhundert

Seite 154 Der sanfte Weg

Seite 156 **Literatur**

Seite 160 **Dank**

Zu diesem Buch

Die Erstveröffentlichung dieses Buches im Jahre 1997, dies kann man bei aller Bescheidenheit anmerken, hat einen neuen Aspekt in die deutschsprachige Energiediskussion gebracht. Je eine Übersetzung in die russische und griechische Sprache hat auch die Grenzen des deutschen Sprachraumes überwunden. Mehrfache Neuauflagen haben für eine weite Verbreitung gesorgt. Im Prinzip könnte das Buch mindestens jedes dritte Jahr mit neuen Erkenntnissen neu aufgelegt und erweitert werden. Das ist keine erfreuliche Tatsache. Die Hauptthese, dass es um die Restressourcen der Welt militärische Auseinandersetzungen geben und mit der Verknappung dieser Ressourcen der militärische Beschaffungsdruck steigen wird, hat sich dramatisch bewahrheitet. Die Kluft zwischen Lieferländern und Verbraucherländern hat sich weiter geöffnet. Vorahnungen, die in der Erstveröffentlichung ausgesprochen wurden, wie weitere kriegerische Auseinandersetzungen im Mittleren Osten oder der Zwist zwischen Russland und seinen ehemaligen Bruderstaaten, sind leider eingetreten.

Auch wenn die Erkenntnis, dass die Beschaffung fossiler Primärenergie untrennbar mit militärischer Gewalt verbunden ist, breit akzeptiert worden ist, so ändert dies nichts am Weiterbestand dieses Problems. Solange die Energiewelt auf Öl, Kohle und Gas angewiesen bleibt, wird sich daran kaum etwas ändern.

Erfreulich ist, dass viele Autoren das Thema seither aufgenommen und erweitert haben. Die Erkenntnis, dass Ressourcenbeschaffung und militärische Gewalt eineiige Zwillinge sind, hat sich inzwischen durchgesetzt. Dies liegt auch daran, dass die Aggression immer unverblümter und offensichtlicher geworden ist.

Ein Traum wäre es, wenn sich weltweit die Erkenntnis durchsetzen würde, dass jeder Krieg um Öl und andere Rohstoffe so weit geächtet wird, dass er undurchführbar wird, dass fadenscheinige Vorwände, wie der Kampf gegen den internationalen Terrorismus oder die Zerstörung nicht vorhandener Giftgaslager, in der Öffentlichkeit als Angriffsgrund nicht mehr akzeptiert werden. Dann wäre der Zeitpunkt erreicht, dass Bücher wie dieses nur noch historische Reminiszenzen wiedergeben und mangels neuer Inhalte nicht mehr aktualisiert und fortgesetzt werden können. Noch ist die Menschheit nicht so weit, aber vielleicht kommt sie diesem Zustand einen Schritt näher, je mehr ihr der Zusammenhang zwischen Energienutzung und Gewalt bewusst wird.

Hans Kronberger, September 2011

Her mit der solaren Sicherheit!

Tatsächlich ist der moderne „Energie-Imperialismus“ die intensivste Form der existenziellen Abhängigkeit großer Teile der Staatenwelt und der gesamten Weltwirtschaft von einer relativ kleinen Zahl wirtschaftlicher und politischer „Kontrolleure“, die das atomare/fossile Energiesystem beherrschen. Das Teuflische daran ist, dass dieser der „effektivste aller bisherigen Imperialismen ist, weil er der subtilste und am schwersten zu enttarnende ist“,[1)] der im letzten Jahrhundert einen ebenso unbemerkten wie ungebremsten Siegeszug hinter sich hat. Die Verschleierung der vielen nationalen und internationalen Zugangs- und Verteilungskonflikte, die Gier nach den begehrten Rohstoffen Öl, Gas und Kohle hat viele Erscheinungsformen und Legitimationsmuster. Hans Kronberger hat sie in diesem Buch im Wesentlichen enthüllt, und die bloßgestellten Täter werden ihn auf ihre „Schwarze Liste“ setzen.

Die Lösung des Problems beginnt im Kleinen und endet im Großen. In der innenpolitischen Erörterung der Energiefrage wird nach Energiekonsens gerufen. Damit will man die Menschen einlullen und den zahlreichen engagierten Initiativen für erneuerbare Energieträger die Spitze brechen. Als unabwendbarer Sachzwang wird hingestellt, was in Wahrheit rücksichtsloses Interessenspiel des „politisch-energiewirtschaftlichen Komplexes“ ist, der selbst dem „politisch-militärischen Komplex“ übergeordnet ist.

Die Methoden der „Täter“ sind einfach: Systematisch werden immer neue ideologische und personifizierte Feindbilder erfunden, um den Blick auf den hohen humanitären Preis zu vernebeln, den wir für das weitere Festhalten an der atomaren/fossilen Energiewirtschaft laufend bezahlen.

„Sicherheit“ ist ein elementares Bedürfnis aller Menschen zu aller Zeit. Norbert Elias hat dies in seinem soziologischen Hauptwerk „Über den Prozess der Zivilisation“[2)] eindrucksvoll hervorgehoben. Wenn es um unsere Sicherheit geht, treten auch wirtschaftliche Kostenkalkulationen in den Hintergrund. Kaum ein Bedürfnis lässt sich leichter missbrauchen wie eben dieser elementare Wunsch nach Sicherheit. Dies zeigen die zahllosen Fehlentwicklungen der sogenannten „äußeren Sicherheit“, die, anstatt zur Abrüstung, zum Rüstungswettlauf führten und schließlich sogar die Führung von Kriegen legitimierten. Unter diesem Aspekt ist es nicht verwunderlich, dass heute militärische Strategieüberlegungen sich auf „Energiesicherheit“ berufen, wenn der billige Zugang zu begrenzten Energieressourcen gefährdet ist. Bei klarer Betrachtungsweise kommt zum Vorschein, dass dieser billige Zugang von Dritten teuer bezahlt wird. Ungern geben die nutznießenden Regierungen und Energieversorger zu, dass neben der Umweltzerstörung auch noch massenweise Blutopfer für dieses System gebracht werden müssen.

Aus diesem Grunde fand in den letzten Jahren bestenfalls eine breite Debatte über den Zusammenhang von internationaler Sicherheit und Energieversorgung dort statt, wo es um die Atomenergie ging. Hier waren die Gefahren der Verbreitung von Atomwaffen über den Weg der zivilen Nutzung der Atomkraft von Anfang an nicht zu verschleiern. Man errichtete internationale Institutionen zur Kontrolle des atomaren Brennstoffkreislaufes und fand 1968 zu einer Vereinbarung über den atomaren Nichtverbreitungsvertrag, der die Verpflichtung von Nichtatomwaffenstaaten auf deren Verzicht regelte, wofür sie technische Unterstützung für die zivile „friedliche“ Nutzung der Atomkraft zugesichert bekamen. Damit trieb man den Teufel mit dem Beelzebub aus. Wer Atomwaffen plant, hat dies stets über die „friedliche“ Nutzung versucht.

EUROSOLAR fordert daher seit Jahren als Ergänzung des atomaren Nichtverbreitungsvertrages einen solaren Verbreitungsvertrag, eine Hilfestellung für die tatsächlich friedensstiftende Solartechnologie.

Die Erkenntnis, dass sich die Sicherheitsfrage keineswegs auf die Atomfrage beschränkt, setzt sich erst langsam durch. Ein Vorreiter in dieser Frage ist Daniel Yergin mit seinem voluminösen Werk „Der Preis“.[3)] Doch selbst der Golfkrieg, ein ganz offenkundiger Krieg um Erdöl, wird vielfach noch anders ideologisch verbrämt und verschleiert. Dass sogar die Atomfrage eng mit der Ölfrage verbunden ist, demonstrierte China, das 1996 die Unterzeichnung des vollständigen Atomtestvertrages mit der offiziellen Begründung ablehnte, man wolle sich als industrielles Wachstumsland mit einem entsprechenden Energiebedarf mithilfe von Atomwaffen unerpressbar halten. Die Supermacht rüstet mit Atomwaffen auf, weil es mit internationalen Konflikten um den Zugang zu den knapper werdenden fossilen Energiequellen, vor allem Öl, rechnet.

Es ist daher allerhöchste Zeit, vom Zusammenhang von fossilen Energiesystemen und Sicherheitssystemen zu sprechen – aber in umgekehrtem Sinne, als sich dies die konventionellen Energie- und Sicherheitsexperten, die ihre selbstzerstörerische Energieversorgung mit militärischer Gewalt absichern wollen, vorstellen.

Hans Kronberger enttarnt diesen energie- und sicherheitspolitischen Unsinn als systematisch organisierten Unfrieden. Im Unterschied zum Pulitzerpreisträger und Harvardprofessor Daniel Yergin zeichnet sich seine Analyse dadurch aus, dass sie eine Alternative nennt. Er stellt der fatalistischen „Blut für Öl“-Realität die reale solare Perspektive gegenüber, eine gigantische Chance für die Weltgesellschaft, eben keinen Blutzoll mehr für Öl zu bezahlen. Die Solarenergie ist die elementare Voraussetzung für den Weltfrieden. Dies ist erstmals in diesem Buch in konkretem Ausmaß herausgearbeitet. Kronberger stellt genau jene Zusammenhänge her, die die überkommenen Außen- und Sicherheitspolitiker ignorieren und daher nicht in der Lage sind, aktuelle

Krisensituationen zu bewältigen. Damit bestätigen sie bestenfalls die lakonische Bemerkung des bekannten amerikanischen Ökonomen Kenneth Galbraith, der diese Art konventioneller Außenpolitik als „moderne Freizeitbeschäftigung" ironisiert.

„Blut für Öl" zeigt: Selbst wenn es die eklatanten Gefahren der globalen Umweltzerstörung und die Klimakatastrophe durch atomar-fossilen Energieverbrauch nicht gäbe: Allein aus friedenspolitischen Gründen liegt nichts dringender nahe, als schleunigst ein dauerhaftes solares Energiezeitalter herbeizuführen.

Dr. Hermann Scheer* (1944–2010)
Abgeordneter zum Deutschen Bundestag,
Präsident von EUROSOLAR

*Hermann Scheer hat in den Folgejahren massiv dazu beigetragen, den Gedanken der friedenspolitischen Bedeutung der Energiebeschaffung zu verbreiten.

1) Hermann Scheer, Sonnen-Strategie. Politik ohne Alternative, Piper, München 1993
2) Norbert Elias, Über den Preis der Zivilisation, Suhrkamp, Frankfurt am Main 1976
3) Daniel Yergin, Der Preis. Die Jagd nach Öl, Geld und Macht, S. Fischer, Frankfurt am Main 1991

Die Zeichen erkennen

Die Versorgungslage mit fossilen Primärenergieträgern hat sich im letzten Jahrzehnt dramatisch verschlechtert. Dies müssen inzwischen sogar jene eingestehen, deren Argumentationskonzept auf der unproblematischen Verfügbarkeit von Öl, Kohle und Gas für die nächsten Jahrzehnte, wenn nicht gar Generationen, aufgebaut ist. Das wichtigste Indiz ist die Preisentwicklung, aber nicht das einzige. Die Verknappung kann theoretisch bis zum letzten Tropfen Öl bestritten werden, unbestreitbar sind die Vorzeichen, die wir täglich erleben, aber nicht immer vollständig richtig deuten. Die These, dass die Beschaffung von fossilen Energieträgern untrennbar mit militärischer Gewalt verbunden ist, hat sich inzwischen durchgesetzt. Die dramatische Häufung von ökologischen Katastrophen wie jener im Golf von Mexiko, die sich brutalisierende Jagd in riskanten Abbaugebieten wie der Arktis oder vor Westafrika, aber auch die aktuellen Wirtschaftskrisen sind Anzeichen für gewaltige Veränderungen im Weltwirtschaftssystem.

Die These, dass die Beschaffung von fossilen Energieträgern untrennbar mit militärischer Gewalt verbunden ist, hat sich inzwischen durchgesetzt.

Die alte Doktrin der anglo-amerikanischen Achse, sich den Zugriff auf Rohstoffe einfach militärisch zu beschaffen, die weit über hundert Jahre

Gültigkeit hatte, geht nicht mehr voll auf. Der letzte Irakkrieg und der Krieg in Afghanistan haben bisher nicht den gewünschten Erfolg gebracht, sondern sind für ihre Betreiber auch zu einem finanziellen Desaster geworden.

Die Rohstoffbeschaffung durch militärische Intervention hat zwar nicht an Brutalität, aber an Wirkung verloren.

Die traditionelle Rechnung kapitalistischer Regierungen, dass der Steuerzahler den militärischen Einsatz bezahlt und die Erdölmultis die daraus resultierenden Gewinne einstreifen, geht nicht mehr auf, da die betreibenden Staaten an den Rand des wirtschaftlichen Zusammenbruches rücken. Die Rohstoffbeschaffung durch militärische Intervention hat zwar nicht an Brutalität, aber an Wirkung verloren. Selbst ernannte Weltpolizisten haben zu viele und zu teure Operationsgebiete, um sie alle bedienen zu können.

Wenn es einen Etappensieger im weltweiten Kampf um die Restressourcen gibt, so ist es eindeutig Russland, das sich durch den Ölpreisanstieg um das Jahr 2008 und vor allem durch die hohen eigenen Rohstoffreserven von einem hoch verschuldeten Land zu einer stabilen Wirtschaftsmacht entwickelt hat. Russland ist es gelungen, sich in Explorationsgebiete in Nordafrika einzukaufen, sich zum Hauptversorger Europas aufzuschwingen, seinen Markt Richtung China, Japan und Südkorea zu erweitern und vor allem seine ehemaligen Satellitenstaaten in Zentralasien und rund um das Kaspische Meer mit Zuckerbrot und Peitsche halbwegs unter Kontrolle zu halten. Jeder Dollar Preisanstieg bei Rohöl füllt die ökonomische Kriegskasse, stärkt den Staat, der durch seine zentralistische Struktur eine hohe Dynamik bei seinen Entscheidungen aufweist. Es besteht kein Zweifel daran, dass Russlands Führer die Bedeutung der Energieabhängigkeit der industrialisierten Länder erkannt haben und gewillt sind, diese zu nutzen. Strategisch gesehen besitzt Russland den Vorteil, dass seine Energiewirtschaft im Wesentlichen verstaatlicht ist und so Gewinne als operatives Kapital eingesetzt werden können. Wie leicht sich

Es besteht kein Zweifel daran, dass Russlands Führer die Bedeutung der Energieabhängigkeit der industrialisierten Länder erkannt haben und gewillt sind, diese zu nutzen.

über Energiezufuhr bzw. gesteuerte Verknappung Volkswirtschaften steuern lassen, hat man in Russland längst erkannt. Entsprechend selbstsicher treten Wladimir Putin und Dmitri Medwedew bei den internationalen Energiekonferenzen auf. Die gegenseitige Abhängigkeit von Liefer- und Verbraucherländern verschiebt sich mit der Verknappung von Primärenergieträgern automatisch zugunsten der Lieferländer. Dies wird ein großes Thema der nächsten Jahre sein.

Bei den Lieferländern muss man wiederum zwischen politisch stabilen und instabilen Ländern unterscheiden.

Besonderer Aufmerksamkeit bedarf der sogenannte „Arabische Frühling". Die arabischen Öl- und Gaslieferländer bilden die größten Unsicherheitsfaktoren im Weltenergiepoker. Das glatte Muster, auf gestürzte Diktatoren folgen berechenbare Demokratien, ist die unwahrscheinlichste Variante. Betroffen ist der gesamte nordafrikanische Raum bis zum Mittleren Osten. Von Marokko bis zum Iran gärt es gewaltig. Aber auch der im Jahre 2011 in zwei Staaten getrennte Sudan stellt einen potenziellen Konfliktherd dar. Im Süden befinden sich reiche Erdölvorkommen, die aber nur über den Norden abtransportiert werden können. Die Ereignisse, wie der Sturz der Diktatoren in Tunesien, Ägypten und Libyen, sind Zeichen dafür, dass sich die Energiewelt dramatisch verändern wird. Zwar dürfen die sozialen Bedingungen, Armut und Verelendung der Massen als Ursache für Aufstände gesehen werden, beim diktatorischen libyschen Regime geht diese These jedoch nicht auf. Algerien, Libyen und Saudi-Arabien, aber auch der Iran sind unberechenbar geworden. Ihr Anteil an der Weltenergieversorgung ist so groß, dass ein auch nur vorübergehender Ausfall, geschweige denn jahrelange innere Auseinandersetzungen, das derzeitige Weltwirtschaftssystem aus den Angeln heben könnte. Moderne Informationstechnologien via Internet ermöglichen innenpolitische Widerstandsorganisationen, gegen die die Diktaturen außer blanker Gewalt nichts entgegenzusetzen haben. Die medial gesteuerte Weltöffentlichkeit bewertet nach überholten Schwarz-Weiß-Mustern von Gut und Böse. Ein in einem Eisenkäfig vorgeführter sterbenskranker Diktator Husni Mubarak, gestern noch Garant für die Stabilität im Nahen Osten, lässt alle bis vor Kurzem noch undenkbaren Varianten offen. Wann folgt Syriens Assad oder gar das saudische Königshaus?

Echte Lehren werden daraus noch nicht gezogen. Dabei drängt sich unausweichlich die Frage auf: Gelingt es, einen fließenden Übergang vom derzeitigen fossil-atomaren Energiesystem zu schaffen oder werden wirtschaftliche Katastrophen von noch unvorstellbarem Ausmaß eine neue „Weltordnung" schaffen? Das Wetterleuchten der Probleme zu ignorieren ist die dümmste und gefährlichste Position, die die Verantwortungsträger in Politik und Wirtschaft einnehmen können.

01

Mit Blut geschrieben

Ein roter Faden durch die Weltgeschichte

Erdöl ist gespeicherte Energie, die sich durch Verbrennen sowohl in Licht als auch in Wärme umwandeln lässt. Zwar kam Erdöl erst mit der Erfindung des Verbrennungsmotors zu seiner weltumfassenden Anwendung, aber seine Bedeutung wurde schon viel früher erkannt. „Es gibt viele unglaubliche Wunder im Lande Babylon, aber keines ist so groß wie die gewaltige Menge an Erdpech, die es dort gibt." Diese Begeisterung für Erdöl ist rund 3000 Jahre alt und stammt aus den Schriften des griechischen Historikers Diodor. Einige dieser Sickerstellen brannten in Verbindung mit entweichenden Erdgasen und lieferten damit die Grundlage für die Feuerverehrung im Nahen Osten. Aber schon damals nutzte man das Bitumen nicht nur für friedliche Zwecke als Medizin, als Bindemittel im Baubereich oder zum Abdichten von Schiffen. In Brand gesetzt, war es bereits zu dieser Zeit eine gefürchtete Kriegswaffe. Als der Perserkönig Cyrus sich auf die Eroberung Babylons vorbereitete, wurde er vor der Gefahr von Straßenkämpfen gewarnt. Er aber hatte eine besondere Taktik entwickelt und wollte mittels Feuer über seine Feinde triumphieren: „Wir haben genügend Pech und Werg, sodass das Feuer sich schnell überall ausbreiten wird und die Menschen auf den Hausdächern entweder rasch ihren Posten verlassen oder verbrennen müssen." Homer berichtet in der „Ilias", dass „die Trojaner auf das schnelle Schiff unermüdliches Feuer warfen, und sogleich ergoss sich unlöschbarer Brand auf dieses herab". Die Byzantiner verwendeten eine explosive Mischung aus Öl und Kalk zur Kriegsführung. Aus unbekannten Gründen geriet das Wissen um die verheerende Wirkung dieser schwarzen Substanz wieder in Vergessenheit. Nicht abzusehen, wie anders die Weltgeschichte verlaufen wäre, hätte die Menschheit sich bereits in der Antike an den Ausbau der Erdöl-Waffe gemacht. Auch eine historische Quelle des Fernen Ostens berichtet über Erdölfunde. Als ein Kaiser der Tschin-Dynastie vor rund 2000 Jahren nach Salz bohren ließ, stieß man dabei auf Öl. Für kurze Zeit verwendete man dieses Rohöl in Petroleumlampen. Doch die Quelle versiegte bald, das Öl geriet auch hier wieder in Vergessenheit.

Aber schon damals nutzte man das Bitumen nicht nur für friedliche Zwecke als Medizin, als Bindemittel im Baubereich oder zum Abdichten von Schiffen. In Brand gesetzt, war es bereits zu dieser Zeit eine gefürchtete Kriegswaffe.

Tausend Jahre später wurde auf der Halbinsel Apscheron, dem Gebiet des heutigen Baku, das überall aus dem Boden sickernde Öl genutzt. Ermöglicht wurde dies durch die Erfindung eines einfachen Destillationsapparats, der aus Öl brauchbares Petroleum herstellte. Der regierende Khan ließ sich von seinem Herrn, dem Schah von Persien, das alleinige Recht zusichern, diesen Bodenschatz nutzen zu dürfen. Einige Jahre lang wurde dieses Öl mit Karawanen in alle Städte des Nahen Ostens verbracht und dort verkauft. Trotz des wirtschaftlichen Erfolgs verlor sich auch diese Quelle im Nichts. Als ein russischer Gouverneur Bakus um 1840 eine Petroleumlampe fand und sie zur Begutachtung an die Akademie der Wissenschaften nach

Nicht abzusehen, wie anders die Weltgeschichte verlaufen wäre, hätte die Menschheit sich bereits in der Antike an den Ausbau der Erdöl-Waffe gemacht.

Sankt Petersburg schickte, wurde ihm bloß mitgeteilt, dass dieser stinkende Stoff zu nichts tauge, außer vielleicht zum Schmieren von Wagenrädern.

In Europa wurden seit dem Mittelalter ebenfalls da und dort Sickerstellen von Erdöl beobachtet und beschrieben. Die Verwendung blieb aber auch hier lange Zeit auf obskure Allheilmittel und auf Leuchtstoff für Petroleumlampen beschränkt. Mitte des 17. Jahrhunderts wurde in Peru erstmals Öl gefunden, allerdings nicht genutzt. Etwa zur gleichen Zeit begann ein französischer Missionar in Pennsylvania Öl als Heilmittel zu verwenden. Dabei blieb es, bis schließlich Oberst Drake 1858 in Titusville, Pennsylvania, auf Öl stieß und das schwarze Gold in bare Münze zu verwandeln wusste. Er raffinierte die 25 Fass, die er täglich mit einer alten Pumpe förderte, und verkaufte sie mit großem Erfolg als Leuchtöl. Zehn Jahre später umgaben schon tausende Bohrtürme das alte Gerüst und die Region um Titusville lieferte bereits sechs Millionen Fass pro Jahr. Es wurden 200 Millionen Dollar in Amerikas Ölregion investiert und es lebten 60.000 Arbeiter vom Öl rund um Titusville und Oil Creek.

Die rasche Zunahme der Erdölexporte nach Europa kompensierte die Verluste aus den Baumwollausfuhren und wurde damit zu einem der existenziellen Exportgüter der Nordstaaten.

Im Zuge des amerikanischen Bürgerkriegs (1861–1865) gewann die Ölindustrie stark an Bedeutung. Die Nordstaaten mussten die nun fehlenden Terpentinlieferungen des Südens ausgleichen. Terpentin war bis zu diesem Zeitpunkt die nahezu einzige Ausgangssubstanz für Leuchtöl gewesen und deshalb unverzichtbar. In diese Lücke stießen die Erdölproduzenten Pennsylvanias vor und erschlossen die Märkte im Norden viel schneller, als es zu Friedenszeiten möglich gewesen wäre. Da die Südstaaten die Union verlassen hatten, verlor der Norden auch seinen Teil der Einkünfte aus dem Baumwollexport, dem damals bedeutendsten Ausfuhrgut Amerikas. Auch hier erwies sich Erdöl als Rettung. Die rasche Zunahme der Erdölexporte nach Europa kompensierte die Verluste aus den Baumwollausfuhren und wurde damit zu einem der existenziellen Exportgüter der Nordstaaten.

Einer, der diese Situation für sich zu nutzen wusste, war ein junger Unternehmer namens John D. Rockefeller, Sohn eines fahrenden Quacksalbers, der Erdöl als Wunderheilmittel verkaufte. Als er im Jahre 1870 die Standard Oil Company ins Leben rief, setzte er den Grundstein für ein Imperium, das 1882 als erster Trust in die Wirtschaftsgeschichte eingehen sollte. Die Aktionäre von 40 US-Ölgesellschaften, die alle wirtschaftlich mit Standard Oil verbunden waren, unterzeichneten damals einen Vertrag, mit dem sie ihre Aktien einem Gremium von neun Männern übergaben. Dieser Standard Oil Trust wurde bald zum mächtigsten Industriegiganten der USA.

Als er im Jahre 1870 die Standard Oil Company ins Leben rief, setzte er den Grundstein für ein Imperium, das 1882 als erster Trust in die Wirtschaftsgeschichte eingehen sollte.

Mit dem Machtzuwachs des Trusts, der durch Personalunionen eng mit der Politik der Vereinigten Staaten verwoben war, stieg auch die Entrüstung der Öffentlichkeit gegenüber Rockefeller. Die Berichte der Journalistin Ida M. Tarbell über die skrupellose Geschäftsgebarung Rockefellers und seiner Gefolgsleute führten letztendlich zur Zerschlagung des Trusts. 1890 erließ die Regierung den Sherman-Act, das erste Anti-Trust-Gesetz der Wirtschaftsgeschichte. Der Sherman-Act erklärte es für unzulässig, Verbindungen und Vereinigungen zu gründen, die den freien Wettbewerb behinderten. Die Furcht Rockefellers vor weiteren Widerständen nach der Zerschlagung seines Trusts 1911 veranlasste ihn, das Schwergewicht des Unternehmens ins Ausland zu verlagern.

Hier traf er auf scharfe Konkurrenz, auf die Royal Dutch/Shell unter der Leitung Henry Deterdings. Dieses Unternehmen war 1907 aus dem Zusammenschluss der niederländischen Erdölfirma Royal Dutch und der englischen The „Shell“ Transport and Trading Company Marcus Samuels entstanden. Die Royal Dutch/Shell verfügte über den exklusiven Zugriff auf alle Ölkonzessionen in Holländisch-Ostindien, Persien und auf dem Gebiet des heutigen Irak. Darüber hinaus kontrollierte Shell den weitaus größten Teil der Ölquellen des Nahen Ostens. Übrig blieb nur noch Lateinamerika, wo während der

Zwanzigerjahre britische und amerikanische Interessen heftig aufeinanderprallten und diese Staaten für Jahrzehnte in Unruhe versetzten. Aber auch in Russland hatte sich Ende des 19. Jahrhunderts eine bemerkenswerte Erdölindustrie entwickelt. Die Ölquellen und Raffinerien von Baku lagen fest in den Händen der schwedischen Brüder Robert und Ludwig Nobel. Eine ihrer besonderen Leistungen war der Bau des ersten Öltankers der Geschichte. Die russische Ölproduktion, die 1874 weniger als 600.000 Barrel betragen hatte, erreichte ein Jahrzehnt später 10,8 Millionen Barrel – nahezu ein Drittel der amerikanischen Produktion.

Zwei weitere Erdölunternehmer – Bunge und Palaschowski – errichteten mit massiver finanzieller Unterstützung der Familie Rothschild eine Bahnlinie von Baku nach Batum am Schwarzen Meer, das damit zu einem der wichtigsten Ölhäfen der Welt aufstieg. 1886 gründeten die Rothschilds die Kaspische und Schwarzmeer-Erdölgesellschaft Bnito. Diese Konzentration des Ölgeschäfts auf vier wesentliche Unternehmen, die Standard Oil Rockefellers, die Royal Dutch/Shell Deterdings, die Unternehmen der Brüder Nobel und der Rothschilds, führte Ende des 19. Jahrhunderts zu einem lange anhaltenden Konflikt, der unter dem Sammeltitel „Ölkriege" bekannt wurde. Einmal bekämpfte man einander durch ruinöse Preiswettkämpfe, ein andermal versuchte man die Erdölgebiete untereinander aufzuteilen oder manchmal auch Unternehmen zusammenzuführen.

Diese Konzentration des Ölgeschäfts auf vier wesentliche Unternehmen, die Standard Oil Rockefellers, die Royal Dutch/Shell Deterdings, die Unternehmen der Brüder Nobel und der Rothschilds, führte Ende des 19. Jahrhunderts zu einem lange anhaltenden Konflikt, der unter dem Sammeltitel „Ölkriege" bekannt wurde.

Britische Öldiplomatie

Ende des 19. Jahrhunderts war Großbritannien die vorherrschende politische und militärische Macht. Das Vereinigte Königreich beherrschte die Weltmeere und damit den Welthandel. Britische Bankinstitute lenkten das internationale Finanzwesen. Durch seine zahlreichen Kolonien dominierte

Großbritannien auch die Vorgänge auf dem Rohstoffmarkt. Das Geheimnis des britischen Erfolgs war die Verbindung der Mächtigen zu Wirtschaft, Politik und Geheimdienst.

Der erste große Einbruch für das machtbewusste Empire kam mit dem Übergang zur Freihandelswirtschaft, deren Proponenten ihr Hauptaugenmerk weg von Produktion und Entwicklung hin zu internationalem Handel und Finanzen lenkten. Die wirtschaftliche Entwicklung im eigenen Land wurde sträflich vernachlässigt. Billige Importe ruinierten die bis dahin weltbekannte britische Textilindustrie und die Landwirtschaft, was schließlich in den Jahren 1873 bis 1896 in eine schwere wirtschaftliche Depression mündete. In dieser Zeit erwuchs Großbritannien erstmals ernsthafte Konkurrenz in Europa. Länder wie Deutschland und Frankreich, die für ihre Heimmärkte strenge Schutzzollbestimmungen eingeführt hatten, entwickelten sich zu ernsthaften Mitbewerbern um die Vormachtstellung in der Alten Welt. Für Großbritannien stellte sich die Frage, wie man wirtschaftlich und politisch dieser ernsten Bedrohung begegnen sollte. Der Fokus richtete sich mehr und mehr auf Erdöl.

Im Jahre 1882 forderte John Arbuthnot Fisher, damals Zweiter Sea Lord der Royal Navy, die Umrüstung der britischen Kriegsflotte von Kohle auf Erdöl, um die britische Kontrolle über die Weltmeere zu sichern.

Im Jahre 1882 forderte John Arbuthnot Fisher, damals Zweiter Sea Lord der Royal Navy, die Umrüstung der britischen Kriegsflotte von Kohle auf Erdöl, um die britische Kontrolle über die Weltmeere zu sichern. Nach anfänglichen Widerständen gelang es Fisher, die britische Regierung von der strategischen Bedeutung des Erdöls zu überzeugen. Sein militärischer Weitblick wurde schließlich mit dem Admiralstitel belohnt. Schon 1904 erhielt der Geheimdienst Seiner Majestät Edwards VII. den Auftrag, möglichst viele potenzielle Erdölgebiete zur Versorgung der Kriegsflotte sicherzustellen. Der erste große Coup gelang 1905, als die großen Öllagerstätten Persiens unter britische Kontrolle gebracht wurden.

Auch auf dem Festland hatte man zu dieser Zeit die Bedeutung des Erdöls erkannt und entsprechende politische Schritte unternommen. Deutschland konzentrierte sein Interesse auf die osmanischen Ölreserven (im heutigen Irak). Die freundschaftlichen deutsch-osmanischen Beziehungen sollten sich dabei als hilfreich erweisen. Um das Öl sicher und an der britischen Marine vorbei nach Deutschland zu bringen, wurde der Bau der Bagdadbahn beschlossen, finanziert durch die Deutsche Bank. Mithilfe dieser Bahnverbindung beabsichtigte Deutschland, sowohl die militärische als auch die wirtschaftliche Vormachtstellung im östlichen Mittelmeerraum zu gewinnen. Schließlich war die Bahn zu dieser Zeit immer noch das wichtigste Verkehrs- und Transportmittel zu Lande.

Mithilfe dieser Bahnverbindung beabsichtigte Deutschland, sowohl die militärische als auch die wirtschaftliche Vormachtstellung im östlichen Mittelmeerraum zu gewinnen.

Neben der Transportmöglichkeit sicherte sich die deutsche Regierung aber noch ein zweites, mindestens ebenso wichtiges Privileg: Deutsche Ölgesellschaften sollten das Recht erhalten, sämtliche Erdölreserven bis zu einer Entfernung von 20 Kilometern von der Bahnlinie zu nutzen. Deutschlands Ölversorgung wäre dadurch mit ziemlicher Sicherheit auf lange Dauer sichergestellt und vor den Seeblockaden der zu Wasser überlegenen Briten geschützt gewesen.

Dadurch sah sich wiederum die britische Regierung in ihren machtpolitischen Zielsetzungen massiv gestört. Einerseits hätte Deutschland den Briten im östlichen Mittelmeerraum die Vormachtstellung streitig gemacht, andererseits auch deren Interessen am Persischen Golf empfindlich hintertrieben. Die Eisenbahnlinie Berlin–Bagdad hätte zum ersten Mal eine moderne Transportverbindung zwischen Konstantinopel und dem asiatischen Hinterland des Osmanischen Reiches geschaffen. Ein riesiges Gebiet, in dem Großbritannien enormen wirtschaftlichen Reichtum erwartete, wäre damit unter deutschen Einfluss gelangt. Deutsche Soldaten wären dadurch sehr nahe an die britischen Interessen in Ägypten, an den Suez-Kanal herangerückt und hätten die wichtigste Verbindung nach Indien angreifen können. Das britische Empire sah Handlungsbedarf.

R. G. D. Laffan, britischer Militärberater in Serbien, beschrieb die damalige geopolitische Situation mit klaren Worten: „Ein Blick auf die Weltkarte zeigt, aus welchen Gliedern sich die Kette der Staaten zusammensetzt, die zwischen Berlin und Bagdad liegen: das Deutsche Reich, Österreich-Ungarn, Bulgarien und die Türkei. Nur ein kleiner Gebietsstreifen verhindert, dass die beiden Enden der Kette miteinander verbunden werden können. Dieser kleine Streifen ist Serbien ... Serbien war in der Tat die erste Verteidigungslinie für unsere Besitzungen im Osten. Würde es vernichtet oder in das Berlin-Bagdad-System einbezogen, hätte unser großes, aber nur schwach verteidigtes Empire bald den Schock des deutschen Vorstoßes nach Osten gespürt.“[1]

Das überdeutliche Machtinteresse des britischen Empires zu Beginn des 20. Jahrhunderts lässt die bis heute nicht restlos geklärten Schüsse von Sarajewo, die letztendlich zum Ausbruch des Ersten Weltkriegs geführt haben, in einem neuen, etwas öligen Licht erscheinen.

Die Fertigstellung der bereits begonnenen Bagdadbahn hätte also die geopolitische Situation in Europa und damit weltweit dramatisch verändert. Das überdeutliche Machtinteresse des britischen Empires zu Beginn des 20. Jahrhunderts lässt die bis heute nicht restlos geklärten Schüsse von Sarajewo, die letztendlich zum Ausbruch des Ersten Weltkriegs geführt haben, in einem neuen, etwas öligen Licht erscheinen – wie einige historische Analytiker meinen. Nur eine Theorie, aber der Zusammenhang zwischen den Vorbereitungen für den Ersten Weltkrieg und den Ölinteressen ist latent vorhanden.

Die britische Regierung war sich zu diesem Zeitpunkt jedenfalls bereits sicher, mit Erdöl eines der wesentlichsten Instrumente zur Sicherung der wirtschaftlichen, politischen und militärischen Vormachtstellung des Empires in Händen zu halten. So wurde man in immer neuen ölversprechenden Regionen aktiv, beispielsweise in Persien, wo man dem englischen Paradekapitalisten und Rechtsanwalt William Knox D’Arcy 1909 seine Ölkonzessionen abluchste und damit die Anglo-Persian Oil Company (heute BP) gründete. Hauptaufgabe dieser Anglo-Persischen Ölgesellschaft war die Sicherstellung der Öllieferungen an die britische

Armee, vorrangig an die britische Marine. D'Arcy, der als Genie bei der Auffindung von Ölquellen galt, blieb in der Geschäftsführung der neuen Gesellschaft aktiv und betreute weiterhin die Erdölsuche und -gewinnung in Persien. Neben der technischen Rückständigkeit dieses Landes machten ihm vor allem die Auseinandersetzungen der Schiiten und Sunniten zu schaffen – was noch lange so bleiben sollte. Etwa zur gleichen Zeit waren britische Öldiplomaten auch im heutigen Kuwait unterwegs und köderten den regierenden Scheich mit Gold- und Waffenlieferungen. Im Gegenzug sollte er den Briten Teile seines Territoriums überlassen. Höhepunkt dieser Absprache war die Zusage, dass nur britische Erdölgesellschaften, die der Londoner Regierung genehm waren, Förderkonzessionen erhalten würden.

Die Verknüpfung von Ölkonzernen und Politik war damit auch in Europa festgeschrieben. Sie sollte sich in den kommenden Jahren weiter fortsetzen und verstärken.

1911 trat Winston Churchill die Nachfolge Lord Fishers als Erster Seelord an. Eine seiner ersten Unterschriften setzte er unter den Vertrag, mit dem der Kauf der Aktienmehrheit an der Anglo-Persischen Ölgesellschaft durch die britische Regierung besiegelt wurde. Die Verknüpfung von Ölkonzernen und Politik war damit auch in Europa festgeschrieben. Sie sollte sich in den kommenden Jahren weiter fortsetzen und verstärken. 1912 lieferten die Vereinigten Staaten 63 Prozent des Weltverbrauchs an Öl, Russland 19 Prozent und die Mexikaner 5 Prozent. Der Beitrag der Anglo-Persischen Ölversorgung war noch nicht nennenswert, aber der Persische Golf stellte eine britische Interessensphäre dar.[2)]

Um die eigene Vormachtstellung abzusichern, versuchte das britische Empire, den Zugang zu allen bekannten Ölvorräten der Welt zu dominieren. Nach dem Japanisch-Russischen Krieg 1904/05, in dem sich Großbritannien auf die Seite Japans geschlagen hatte, wurden den Briten Ölförderungsrechte in Afghanistan und Persien übertragen und weitere Zugeständnisse in Ostasien gemacht. Dem Deutschen Reich waren damit die reichsten, damals bekannten Ölquellen verwehrt – mit Ausnahme derer im Osmanischen Reich, das sich in dieser Zeit von

Konstantinopel bis Aden und an die persische Grenze erstreckte. Sie sollten im Ersten Weltkrieg eine wichtige Rolle spielen.

Der Erste Weltkrieg

Schon bei Kriegsausbruch 1914 existierten geheime Pläne innerhalb der Entente (das Sykes-Picot-Abkommen zwischen Großbritannien, Frankreich und Russland), wie die umkämpften Rohstofflager nach Ende des Krieges aufgeteilt werden sollten.[3] Von Anfang an zeigten sich die starken Zusammenhänge zwischen Energieversorgung und Kriegsverlauf. Das Transportwesen wurde binnen kürzester Zeit optimiert und enorm erweitert. Der Umstieg von Kohle auf Öl ging in rasendem Tempo voran. Ölbetriebene Schlachtschiffe konnten wesentlich schneller aufgetankt werden und waren durch den fehlenden Rauchausstoß für den Feind schwerer auszumachen. In die gleiche Zeitspanne fiel die Entwicklung des Dieselmotors. Der Dieselmotor erreichte seine Höchstleistung innerhalb kürzester Zeit, und das bei einer Gewichtsersparnis von zwei Dritteln im Vergleich zu Kohle. Gleichzeitig senkte sich der Treibstoffverbrauch auf ein Viertel jenes der kohlebetriebenen Dampfschiffe, woraus sich der vierfache Aktionsradius für Kriegs- und Handelsschiffe ergab. Ähnlich dynamisch entwickelten sich Kriegsgeräte wie Panzer und Flugzeuge.

Von Anfang an zeigten sich die starken Zusammenhänge zwischen Energieversorgung und Kriegsverlauf.

Erstmals in der Geschichte der Kriegsführung war nicht mehr die Truppenstärke allein entscheidend. Maschinen waren mindestens ebenso wichtig geworden. Durch den massiven Einsatz von Lastkraftwagen konnten Truppen und Material jederzeit an jeden beliebigen Einsatzort transportiert werden – ohne die Bindung an Schienen oder Wasserrouten. Allein die USA brachten 50.000 Fahrzeuge in den Krieg ein. Großbritannien steigerte seine Lkw-Anzahl während des Krieges von 827 auf 56.000. Der Luftkrieg wurde durch den

Erstmals in der Geschichte der Kriegsführung war nicht mehr die Truppenstärke allein entscheidend. Maschinen waren mindestens ebenso wichtig geworden.

Verbrennungsmotor geradezu revolutioniert. 1915 besaß das Empire ganze 200 Flugzeuge, bis Kriegsende stellten die Briten 55.000 Maschinen her.

Eine Episode aus der Schlacht um Frankreich im Juni 1914 zeigt, wie leistungsfähig dieses junge Transportsystem bereits war. Die Deutsche Armee stand 60 Kilometer vor der französischen Hauptstadt. Die Regierung war bereits verlegt worden, die Evakuierung der Zivilbevölkerung hatte begonnen. Frankreich schien geschlagen. Das Eisenbahnsystem war zusammengebrochen, Militärfahrzeuge waren nicht in ausreichender Zahl vorhanden. Da entwickelte der Pariser Militärgouverneur Joseph Simon Gallieni einen ungewöhnlichen Plan zur Truppenverstärkung: Er ließ tausende Soldaten in 3000 Pariser Taxis an die Front bringen, um den deutschen Vormarsch zu stoppen.[4]

Nach zwei Jahren verlustreicher, aber ergebnisloser Grabenkriege schlug der britische Oberst Ernest Swindon die Entwicklung gepanzerter Fahrzeuge vor, die es Soldaten ermöglichen sollten, sich geschützt vor Maschinengewehrfeuer und Stacheldraht auf dem Schlachtfeld zu bewegen. Kriegsministerium und Armee lehnten den Plan ursprünglich ab. Es war Winston Churchill, der, überzeugt von dieser Idee, die Wende herbeiführte. Als Kriegsminister stellte er die nötigen finanziellen Mittel zur Verfügung. Schon in der zweiten Kriegshälfte wurden Panzer aufseiten der Alliierten eingesetzt. In der Schlacht von Amiens Anfang August 1918 wurden die deutschen Truppen von Panzern förmlich überrollt.[5]

Der Bedarf an Erdöl explodierte während des Ersten Weltkriegs. Erdöl war zum Ziel des Krieges geworden und zugleich auch dessen treibende Kraft. Die Sicherung der Erdölreserven wurde zum alles bestimmenden militärischen Faktor.

Erdöl war zum Ziel des Krieges geworden und zugleich auch dessen treibende Kraft. Die Sicherung der Erdölreserven wurde zum alles bestimmenden militärischen Faktor.

Aus den Kriegsschauplätzen wird ersichtlich, dass der Griff nach den Erdölvorkommen immer im Mittelpunkt des strategischen Denkens der Militärs stand.

Der Rumänienfeldzug Deutschlands hatte vor allem ein Ziel: die Sicherung der rumänischen Erdölfelder, der Raffinerien und Verladestationen, die sich im Besitz britischer, französischer und niederländischer Firmen befanden. Rumänien hatte sich zu Kriegsbeginn neutral verhalten und auch das Deutsche Kaiserreich beliefert. Als sich das südosteuropäische Land allerdings 1916 auf die Seite der Entente stellte, reagierten die Mittelmächte sofort mit dem Einmarsch. Die Rumänen verteidigten ihre Erdölvorräte. Doch von Anfang an zeichnete sich ab, dass sie diesen Kampf auf Dauer nicht gewinnen konnten. Um die Eroberung der Erdölreserven durch die Deutschen zu verhindern, ließ Großbritannien alle Felder und Förderanlagen zerstören. 70 Raffinerien und etwa 800.000 Tonnen Rohöl bzw. Rohölprodukte wurden dabei vernichtet. Die Deutschen brauchten fünf Monate, um den wesentlichen Teil der rumänischen Erdölförderung wieder in Schwung zu bringen. Doch die geförderte Menge reichte letztlich nicht aus, um den Ölverbrauch der Kriegsmaschinerie zu decken.

Ein anderer Kriegsschauplatz: Die Dardanellen, die Meerenge zwischen dem Ägäischen Meer und dem Bosporus, sollten durch die Entente erobert werden. Die Kontrolle über dieses Gebiet hätte die Versorgung der Briten und Franzosen mit russischem Erdöl aus Baku gewährleistet. Dieser Versuch scheiterte jedoch militärisch. Die Verbindung zwischen dem Deutschen und dem Osmanischen Reich hatte sich als zu widerstandsfähig erwiesen. Großbritannien und Frankreich hatten mit Wissen des zaristischen Russlands und Italiens wie erwähnt das geheime Sykes-Picot-Abkommen geschlossen. Das Empire und Frankreich teilten darin die Erdölreserven untereinander auf. Großbritannien beabsichtigte, die reichen Ölfelder der arabischen Golfregion unter seine Herrschaft zu bringen, und entsandte fast 1,5 Millionen Soldaten in diesen Raum. Die Franzosen sollten Großsyrien – also den ganzen Vorderen und Mittleren Osten von Zypern bis Irak mit Ausnahme von Saudi-Arabien – bekommen. Die Öl-Konzessionen lagen zu diesem Zeitpunkt noch in deutscher Hand. Das gleiche Gebiet, das die Briten den Franzosen zugesagt hatten, stellten sie gleichzeitig den Arabern als Dank für ihre Unterstützung gegen den osmanischen Sultan in Aussicht. Das heutige Jordanien sowie die östlich davon gelegenen Gebiete des jetzigen Irak und Kuwait beanspruchte das britische Empire für sich.

Bekannt wurde das Sykes-Picot-Abkommen im November 1917, als die Bolschewiken nach der Oktoberrevolution in Russland die Macht übernahmen. Sie veröffentlichten das bis dahin geheime Protokoll. Zu diesem Zeitpunkt trug die Taktik Großbritanniens allerdings bereits Früchte. Dank arabischer Hilfe, die von dem Engländer T. E. Lawrence organisiert wurde (der als „Lawrence von Arabien" in die Filmgeschichte einging), blieben die Briten im Nahen Osten siegreich. Während sich diese nach der Vertreibung der Türken in diesem Raum festsetzten, gingen die arabischen Fürsten jedoch leer aus. Der gesamte Nahe Osten unterstand nun der Befehlsgewalt Sir Edmund Allenbys, Befehlshaber des britischen Expeditionskorps in Ägypten. Nach den Franzosen und den arabischen Fürsten bot Großbritannien als dritter Partei nun auch den Juden Palästina an. Die Zielsetzung einer solchen Staatsgründung war klar: Zwischen den untereinander zerstrittenen arabischen Staaten sollte ein von Juden dominierter Staat unter britischem Protektorat entstehen, mit dem Ziel, den Einfluss Großbritanniens in dieser instabilen Region auf Dauer abzusichern.

Doch obwohl die Ölversorgung der Entente – nicht zuletzt durch das Engagement der Briten im Nahen Osten (den europäischen Kriegsschauplatz überließ man weitgehend den Franzosen) – wesentlich besser funktionierte als die der Mittelmächte, mussten sie im Jahre 1917 kurzfristige Erdölengpässe hinnehmen. Der französische Kriegsminister und Ministerpräsident George Clemenceau forderte US-Präsident Woodrow Wilson im Dezember 1917 auf, die Öllieferungen an Frankreich zu erhöhen: „Ein Ausfall in der Ölversorgung wird unsere Armeen unmittelbar auflösen und uns einen für die Alliierten ungünstigen Frieden aufzwingen ... Die Sicherheit der Alliierten steht in Frage. Wenn die Alliierten den Krieg nicht verlieren wollen, dann dürfen sie Frankreich für den Fall einer deutschen

Großoffensive nicht das Öl vorenthalten, das auf den Schlachtfeldern von morgen so unentbehrlich ist wie Blut.“ Die Amerikaner verstanden die Botschaft, und ab 1917 wurde die Kriegsmaschinerie der Entente wieder reichlich mit amerikanischem Öl versorgt.

Deutschlands Versorgungsprobleme hingegen verschärften sich von Tag zu Tag. Der Nachschub aus den rumänischen Erdölfeldern geriet kriegsbedingt ins Stocken. Alle Versuche, neue Ölgebiete zu gewinnen, scheiterten. Nach dem endgültigen Ausscheiden Russlands und dem Frieden von Brest-Litowsk (März 1918) wetteiferten Deutschland und Großbritannien um die Ölvorkommen in Baku am Kaspischen Meer. Das Empire gewann die Oberhand, Deutschland ging leer aus. Die deutsche Sommeroffensive gegen Frankreich geriet für Deutschland zur Katastrophe. Nach anfänglichen Erfolgen waren die Truppen wegen eklatanten Treibstoffmangels zur Umkehr gezwungen. Damit war die Entscheidung in diesem Krieg gefallen, Deutschland musste um Waffenstillstand ersuchen. Nicht aufgrund politischer Entscheidungen, nicht aufgrund technischer Überlegenheit einer der Parteien, nicht aufgrund der Hungersnot, unter der Europas Bevölkerung litt, wurde der Erste Weltkrieg entschieden – sondern durch Mangel an Erdöl auf einer Seite.

Nicht aufgrund politischer Entscheidungen, nicht aufgrund technischer Überlegenheit einer der Parteien, nicht aufgrund der Hungersnot, unter der Europas Bevölkerung litt, wurde der Erste Weltkrieg entschieden – sondern durch Mangel an Erdöl auf einer Seite.

Welch entscheidende Bedeutung Erdöl in wirtschaftlicher und militärischer Hinsicht in diesen wenigen Jahren gewonnen hatte, lässt sich anhand von Zahlen belegen: 1918 wurden bereits 40 Prozent der britischen Kriegsschiffe mit Öl betrieben. Großbritannien und die USA verfügten gemeinsam über 105.000 Lastkraftwagen und 4000 Flugzeuge. Beliefen sich die französischen Bestände 1914 auf 110 Lkw und 132 Flugzeuge, so stieg deren Zahl bis 1918 auf 70.000 Lkw und 12.000 Flugzeuge. In den letzten Kriegsmonaten wurden an der Westfront täglich 12.000 Fass Öl verbraucht.

Lord George Curzon, Persienexperte und früherer Vizekönig von Indien, brachte die Bedeutung des Erdöls im Geschehen des Ersten Weltkriegs auf den Punkt, als er bei einer Siegesfeier der Alliierten am 22. November 1918 betonte:

„Die alliierte Sache ist auf einer Woge von Öl zum Sieg geschwommen."

Der Direktor des Comité Général du Petrole, Henry Bérenger, verstieg sich bei diesem Anlass zu dem wohl eher geschmacklosen Vergleich, indem er das Öl als das „Blut der Erde" bezeichnete, welches das „Blut des Siegers" gewesen sei, und fügte hinzu: „So wie Öl das Blut des Krieges war, wird es das Blut des Friedens sein. In dieser Stunde, am Anbeginn des Friedens, rufen unsere Völker, unsere Industrien, unser Handel, unsere Bauern nach mehr Öl, immer mehr Öl, nach mehr Benzin, immer mehr Benzin."[6)]

Durch die Verträge von Versailles, Saint-Germain, Trianon und Sèvres wurden den besiegten Mittelmächten harte Friedensbedingungen auferlegt. Deutschland musste neben enormen Reparationszahlungen und Gebietsabtretungen an die Nachbarländer auch den Verlust seiner Kolonien und damit wichtiger Rohstoffquellen hinnehmen. Die 25-prozentige deutsche Beteiligung an der türkischen Petroleumgesellschaft ging dabei auf Frankreich über. Die Türkei musste im Frieden von Sèvres den Verlust der arabischen Gebiete und der ägäischen Inseln akzeptieren. Die Meerengen wurden internationalisiert. Großbritannien erreichte in diesen Jahren seine größte territoriale Ausdehnung. Mit einer Million Soldaten besetzte es Palästina und die im Sykes-Picot-Abkommen genannten Territorien im arabischen Raum – einschließlich jener, die eigentlich Frankreich zugesprochen worden waren. Frankreich war infolge der Kriegsereignisse zu geschwächt, um sich gegen die britischen Ansprüche aufzulehnen. Doch mit den Vereinigten Staaten von Amerika, die wirtschaftlich gestärkt aus dem Ersten Weltkrieg hervorgingen, stand den Briten nun ein neuer Konkurrent gegenüber. Der Erste Weltkrieg brachte eines sehr deutlich zutage: Beim Ölgeschäft sind nicht jene die großen Gewinner, die über die Ressourcen verfügen, sondern vielmehr jene, die diese Ressourcen fördern und vermarkten und gleichzeitig jenes Waffenarsenal bereitstellen, das zur Ausbeute und zum Abtransport des Öls notwendig ist.

Zwischen den Kriegen

Die Erfahrungen des Ersten Weltkriegs hatten allen verantwortlichen Politikern und Wirtschaftskapitänen klargemacht, dass künftige bewaffnete Konflikte ohne ausreichenden Vorrat und ohne funktionierenden Nachschub an Öl nicht zu gewinnen sein werden. Deshalb begannen sich alle potenziellen Weltmächte – die Amerikaner, die Briten, die Russen und die Japaner – nach ihren Ölinteressen zu positionieren. Die USA waren aus dem Ersten Weltkrieg schuldenfrei hervorgegangen und erhoben Anspruch auf die Kontrolle der Weltmeere, der Weltfinanzen und vor allem der Rohstoffe. Damit waren Auseinandersetzungen mit Großbritannien vorgezeichnet. Das Empire und Frankreich beschlossen 1920, dieser Entwicklung gemeinsam entgegenzutreten und trafen eine endgültige Regelung bezüglich der ölreichen arabischen Gebiete des untergegangenen Osmanischen Reiches. Unter Ausschaltung der USA einigten sie sich auf eine Aufteilung der Ölquellen von Mosul: 75 Prozent wurden Großbritannien zugesprochen, 25 Prozent gingen an Frankreich. Die formelle Oberaufsicht über Mesopotamien führte offiziell der Völkerbund, aber in Wirklichkeit war das gesamte Gebiet britischer Einflussbereich. Allen anderen Konzessionswerbern wurde der Zugang zu Mesopotamien verwehrt, sodass Großbritannien de facto ein Monopol auf das gesamte im Nahen Osten geförderte Öl innehatte.

Die USA waren aus dem Ersten Weltkrieg schuldenfrei hervorgegangen und erhoben Anspruch auf die Kontrolle der Weltmeere, der Weltfinanzen und vor allem der Rohstoffe. Damit waren Auseinandersetzungen mit Großbritannien vorgezeichnet.

1921 fand – auf britische Einladung hin – eine Nahost-Konferenz in Kairo statt. Bei dieser Gelegenheit wurde Mesopotamien in Irak umbenannt und offiziell einem einheimischen Herrscher unterstellt. Das Land wurde aber weiterhin von den Briten verwaltet und war von Stützpunkten der britischen Luftwaffe durchzogen. Das amerikanische Außenministerium protestierte und verlangte die Freigabe von Förderkonzessionen auch an US-Gesellschaften. Die Briten lehnten unmissverständlich ab.

Amerika lenkte seine Interessen daher überwiegend auf die Erdölfelder Mexikos und Südamerikas. Seit im Golf von Mexiko 1910 Erdöl gefunden worden war (Tampicos Ölquellen lieferten eine Rekordmenge von 200.000 Fass täglich), rivalisierten Großbritannien und die USA auch hier um die Vormachtstellung. Zunächst hatte Großbritannien die besseren Karten in der Hand. Der Schlüssel lag in der Person von Weetman Pearson, der – typisch für die englischen Ölmagnaten – drei sehr wesentliche Funktionen in sich vereinte. Er war Präsident der Ölgesellschaft Mexican Eagle, die über die Förderbewilligung für die Hälfte aller mexikanischen Ölfelder verfügte. Gleichzeitig war er Mitglied der Geschäftsführung der Royal Dutch/Shell, Großbritanniens führender Ölgesellschaft. Schließlich gehörte der umtriebige Pearson auch dem britischen Geheimdienst an. Über den Umweg der Ölgesellschaften förderte das britische Empire die mexikanische Regierung des 81-jährigen Diktators Porfirio Díaz, der allerdings 1911 gestürzt wurde. Geld und Waffen für diese Revolution kamen vom nördlichen Nachbarn USA. Als Dank für diese Unterstützung erteilte die neue mexikanische Regierung Ölförderkonzessionen an US-amerikanische Unternehmen. 1921 war die mexikanische Erdölförderung auf 193 Millionen Barrell pro Jahr gestiegen. Mexiko war damit der zweitgrößte Erdölproduzent der Welt geworden.[7)]

Während die Ölkonzerne Millionenwerte aus dem Boden schöpften, blieb die Bevölkerung Mexikos bettelarm. 1938 setzte Regierungschef General Lázaro Cárdenas, ein glühender Nationalist, dieser Ausbeutung mexikanischer Rohstoffe ein Ende und sämtliche ausländische Ölkonzessionen außer Kraft. Der daraufhin über sein Land ausgesprochene Boykott blieb in den folgenden 40 Jahren aufrecht. Die außerordentlich rigide Vorgangsweise der

Ölkonzerne und ihrer Regierungen gegenüber Mexiko hatte vor allem einen Grund: Man fürchtete, dass sich der Funken des mexikanischen Nationalismus wie ein Flächenbrand auf andere erdölträchtige Regionen der Welt ausbreiten könnte und den Ölgesellschaften auch dort die Schürfrechte entzogen würden.

Großbritannien kompensierte den Verlust der Einflusssphäre in Mexiko mit seinem Engagement in Mittel- und Lateinamerika. 1918 sagte die britische Regierung jener von Costa Rica Anerkennung zu und erhielt im Gegenzug Förderbewilligungen für ein Gebiet von sieben Millionen Hektar. Drei Jahre später kam es zu einem Grenzkonflikt zwischen Costa Rica und Panama. Die USA schalteten sich ein, die alte Regierung Costa Ricas wurde abgelöst. Der neue Regierungschef zog sämtliche Ölkonzessionen zurück und vergab sie an amerikanische Ölfirmen als Gegenleistung für günstige Kredite.

Den Verlust Costa Ricas konnten die Briten durch den Erwerb der reichsten Ölfelder Venezuelas allerdings bald kompensieren. Venezuela stand unter der Diktatur von General Juan Vincente Gómez und seiner korrupten Familie, die nur ein einziges Ziel verfolgte: möglichst viel privaten Reichtum anzuhäufen. Bis zum Eintreffen der Ölpioniere war Venezuela ein armer Agrarstaat mit geringer Bevölkerungsdichte gewesen. 1921 produzierte Venezuela 1,4 Millionen Barrel Öl. 1929 lag die Fördermenge bereits bei 137 Millionen Barrel. Damit hatte man Mexiko weit abgehängt und war zum zweitwichtigsten Erdölproduzenten der Welt aufgestiegen.[8)] Venezuela war damit binnen weniger Jahre die wichtigste Förderstätte der Royal Dutch/Shell geworden.

Der Kampf um Öl hatte in den Zwanzigerjahren also bereits sehr deutlich politischen Charakter angenommen.

Im Kampf um die Ölgebiete der Welt arbeiteten das britische Außenministerium, die Geheimdienste und die britischen Ölfirmen immer enger zusammen. Scheinbar private Firmen standen in der Öffentlichkeit, die Fäden aber zog die britische Regierung. Dazu bediente sie sich nicht nur der Anglo-Persischen Ölgesellschaft und der Royal Dutch/Shell, sondern auch der beiden wesentlich weniger bekannten Organisationen D'Arcy Exploitation Company und der British Controlled Oilfields BCO. Der Kampf um Öl hatte in den Zwanzigerjahren also bereits sehr deutlich politischen Charakter angenommen.

Die Konkurrenz zwischen Großbritannien und den USA kennzeichnete auch die Bemühungen um das sowjetische Erdöl. Die Sowjetunion hatte in Aussicht gestellt, britischen Ölgesellschaften deren frühere Konzessionen im Gebiet von Baku wieder zu überschreiben. Henry Deterding, Präsident der Royal Dutch/Shell, ließ daraufhin heimlich alle in französischer Hand befindliche Konzessionspapiere für die Ölfelder von Baku aufkaufen. Gleichzeitig zu den Verbindungen nach Moskau pflegte Deterding auch Kontakte zu den Feinden der Bolschewiken in Weißrussland und im Kaukasus. Wären diese Gegenrevolutionäre erfolgreich gewesen, hätten sie, gemäß ihrer Vereinbarungen mit Deterding, Großbritannien alle Quellen von Baku verpfänden müssen.[9)] Deterding war für alle Fälle gerüstet.

Aber auch die USA machten den Sowjets ein konkretes Angebot. Sollten sie die Konzessionen zur Ölförderung bekommen, würden sie die Russische Sozialistische Föderalistische Sowjetrepublik diplomatisch anerkennen. Doch sowohl Großbritannien als auch die USA blieben letztlich erfolglos. Die Sowjets wollten ihren Rohstoff selbst fördern. Sie hatten sich nämlich bereits 1922 im Rapallo-Vertrag mit Deutschland geeinigt. Beide Staaten waren nach Kriegsende völlig isoliert, beide gehörten nicht dem Völkerbund an. Diese Situation führte – trotz aller ideologischen Gegensätze – zur Annäherung der beiden Staaten. Im Vertrag von Rapallo sicherten sich die Sowjets und Deutschland in Handels- und Wirtschaftsbeziehungen gegenseitig die Meistbegünstigung zu. Deutschland stellte der in Gründung befindlichen Sowjetunion Industrieanlagen zur Verfügung und gab ihr damit die Möglichkeit, ihre Ölquellen selbst auszubeuten. Die schwer angeschlagene deutsche Industrie hätte durch die russischen Erdöllieferungen Unabhängigkeit gegenüber den USA und Großbritannien erlangt. Als Gegenleistung verpflichtete sich Deutschland, ein Netz von Öl- und Benzinlagern sowie Tankstellen einzurichten, das der Vermarktung sowjetischen Öls diente. Zu diesem Zweck wurde die deutsch-russische Petroleumgesellschaft Derop gegründet.

Die Westmächte protestierten energisch gegen den Rapallo-Vertrag, weil sie befürchteten, dass die wirtschaftliche Annäherung die Möglichkeiten politischer und damit militärischer Verbindungen vorbereite. Zwei Monate nach Rapallo fiel der linksliberale deutsche Außenminister Walther Rathenau, Mitverantwortlicher für die deutsch-sowjetische Annäherung, am 16. April 1922 einem Attentat rechtsextremer Offiziere zum Opfer. Die instabile Weimarer Republik war in ihren Grundfesten erschüttert. Die Wirtschaft, die aufgrund der enormen Reparationsleistungen in Folge des Ersten Weltkriegs ohnehin nicht auf Touren kommen konnte, erlebte eine rasante Talfahrt mit unglaublicher Inflation. 1923 besetzte Frankreich, nicht zuletzt auf Anraten Großbritanniens, das Ruhrgebiet. Dieses Gebiet war zwar nur 100 Kilometer lang und 50 Kilometer breit, aber hier lagen die wesentlichsten Rohstoffvorkommen Deutschlands. 80 Prozent der Steinkohle wurden hier gefördert, 70 Prozent des Stahls produziert und 70 Prozent des Frachtaufkommens abgewickelt. Die Zahlungsunfähigkeit Deutschlands war damit endgültig besiegelt.

Der deutsch-russische Vertrag von Rapallo hatte aber noch weitere weltweite Auswirkungen. Im Herbst 1928 wurden die jahrzehntelangen Auseinandersetzungen um den Rohstoff Erdöl mit der Gründung eines anglo-amerikanischen Erdölkartells beigelegt. Ein verbindlicher Ölpreis wurde fixiert, der zu diesem Zeitpunkt bestehende Status quo betreffend die Aufteilung der Weltölreserven besiegelt. Diese Abmachung zwischen den sogenannten „sieben Schwestern“ Royal Dutch/Shell, Anglo-Persian Oil (heute BP), Standard Oil of New Jersey (heute Exxon), Socony-Vacuum (heute Mobil), Standard Oil of California (heute Chevron), Gulf Oil und Texaco[10)] wurde von den Regierungen Großbritanniens und den USA ratifiziert und in „Red-Line-Abkommen“ umbenannt. Das Gebiet innerhalb der roten Linie, die durch die Dardanellen, Palästina und den Suez-Kanal bis Jemen, durch den Persischen Golf rund um die

Türkei, Syrien, den Libanon, Saudi-Arabien, Jordanien, Irak und Kuwait gezogen wurde, war fortan fest in der Hand amerikanischer, britischer und französischer Ölfirmen.

Der Bestand der Anglo-Persian Oil Company, unverzichtbar für die Ölversorgung der britischen Armee, war damit zwar gesichert, aber auch das Selbstbewusstsein eines regionalen Regenten gestärkt.

In Kuwait, Bahrain und Saudi-Arabien begann sich das Ölgeschäft eher zäh zu entwickeln. Während die großen Ölkonzerne immer noch der Meinung waren, dass hier kein Öl zu finden sei, machte sich Major E. Frank Holmes daran, diesen Schatz zu heben. Viele Banken und auch die großen Ölkonzerne ließen ihn mit seinen Anfragen um finanzielle Mittel für Probebohrungen abblitzen. Nur die verhältnismäßig kleine Gulf Oil ließ sich auf sein Experiment ein, mit großem Erfolg, wie sich zeigen sollte. Mit ihr gemeinsam stieg die Socal ins Geschäft ein, die Standard Oil of California. Den regierenden Scheichs, allen voran Ibn Saud, Regent von Saudi-Arabien, wurden in langfristigen Verhandlungen die Explorationsrechte abgekauft.

In Persien regierte Schah Reza Pahlewi, der fest entschlossen war, das zersplitterte Land zu einen und den starken Einfluss des Islam zurückzudrängen. Er baute das Bildungssystem aus und führte ein modernes Gesundheitswesen ein. Dafür benötigte er Geld, mehr Geld, als ihm zur Verfügung stand. Den Großteil der Staatseinkünfte lukrierte er aus den Förderzinsen der Anglo-Persian-Gesellschaft. Als diese Einkünfte im Zuge der Weltwirtschaftskrise sanken, nahm er das Ölgeschäft selbst in die Hand. Am 16. November 1932 kündigte er die Konzessionen der Anglo-Persian Oil Company überraschend auf.[11)]

Ein Lebensnerv der britischen Ölgesellschaft war damit getroffen. Intensive Verhandlungen liefen über mehrere Monate, im Zuge derer die Anglo-Persian hohe Forderungen der persischen Regierung akzeptieren musste. Das Konzessionsgebiet wurde deutlich verkleinert, die Gewinnaufteilung zugunsten des Schahs verändert, Mindestzahlungen vereinbart. Der Bestand der Anglo-Persian Oil

Company, unverzichtbar für die Ölversorgung der britischen Armee, war damit zwar gesichert, aber auch das Selbstbewusstsein eines regionalen Regenten gestärkt.

Asiatische Weltordnung

Im Jahre 1921 hatten Japan, die USA und Großbritannien ein Flottenabkommen unterzeichnet, das dem kostenintensiven Wettrüsten im Pazifik ein Ende setzen sollte. Japans Sicherheitspolitik war damit eng mit den beiden westlichen Staaten verbunden. Eine Politik, die in Japan nicht nur Freunde fand – keinesfalls im Militär. Mit der Weltwirtschaftskrise der Dreißigerjahre gewannen in Nippons Regierung jene Kräfte die Oberhand, die eine solche Kooperation ablehnten und eher den Weg der eigenen imperialistischen Expansion beschreiten wollten.

Erstes Ziel war die Mandschurei, in der Japan bereits seit dem Japanisch-Russischen Krieg von 1905 starke wirtschaftliche und politische Kontrolle ausübte. Die Mandschurei galt vielen Japanern als Hoffnungsland für das übervölkerte Inselreich, als Rohstoffquelle und strategisch wichtige Basis am Festland. 1931 installierte Japan eine Marionettenregierung in der Mandschurei, mit dem entthronten chinesischen Kaiser Pu Yi als Galionsfigur. Mandschuko sollte der Staat fortan heißen. Der Völkerbund verurteilte die Vorgangsweise Japans, worauf Japan mit dem Austritt antwortete. Die größte Schwachstelle der japanischen Expansionspolitik war der Mangel an Energieressourcen. Ende der Dreißigerjahre produzierte Japan nicht mehr als sieben Prozent des Erdöls, das es verbrauchte. Mehr als 90 Prozent der Energie mussten importiert werden – 80 Prozent aus den USA, 10 Prozent aus Niederländisch-Ostindien. Um sich aus dieser Abhängigkeit zu befreien, wurden die Ziele japanischer Expansionsgelüste gereiht nach den in den Gebieten vorhandenen Erdölvorkommen: Das Hauptaugenmerk lag auf Niederländisch-Ostindien, Malaysia, Indochina und einer Reihe kleinerer Inseln im Pazifik. Im August 1937 erklärte Japan China den Krieg. Um den japanischen Expansionsdrang in

Die größte Schwachstelle der japanischen Expansionspolitik war der Mangel an Energieressourcen.

Asien aufzuhalten, hatten die USA immer wieder ein Ölembargo gegenüber Japan überlegt, sich aber doch nie vollständig dazu durchringen können. Ihrer Devise „Europe first“ folgend, konzentrierte sich die amerikanische Regierung weiterhin auf Europa.

Erst als Japan offensichtlich Vorbereitungen traf, um Süd-Indochina einzunehmen, ordnete die US-Regierung im Juli 1941 an, sämtliche japanischen Gelder in den USA einzufrieren. Diese Maßnahme war mit einem totalen Embargo gleichzusetzen, denn Japan verfügte kaum über Devisen. Die Antwort der japanischen Militärs ließ nicht lange auf sich warten. Am 7. Dezember 1941 bombardierte die japanische Luftwaffe Pearl Harbor, den wichtigsten Marinestützpunkt der USA im Pazifik. Den Warnungen vor einem japanischen Angriff, die in den ersten Dezembertagen in Washington aufgetaucht waren, hatte man keinen Glauben geschenkt.

Der Überraschungsangriff war für Japan ein enormer Erfolg. Ein erheblicher Teil der US-Flotte versank im Meer. Doch die Vorbereitungen der Japaner waren nicht umfassend genug gewesen. Sie übersahen die oberirdischen Öllager der Marine in Pearl Harbor, die 4,5 Millionen Barrel Öl umfassten. Hätten die Japaner diese Öllager ebenfalls bombardiert, wäre die gesamte Pazifikflotte lahmgelegt gewesen, nicht nur die Schiffe und Flugzeuge, die tatsächlich zerstört oder beschädigt waren.

Ölgeld für Hitler?

Europa konnte sich von den Folgen des Ersten Weltkrieges lange nicht erholen. Zu Beginn der Dreißigerjahre steckte Deutschlands Wirtschaft immer noch in einer tiefen Rezession. Die Regierung der Weimarer Republik, die schwer an der Last der Reparationszahlungen zu tragen hatte, bemühte sich vergeblich um ausländische Kredite. Was den Politikern der Weimarer Republik nicht gelang, schaffte schließlich Adolf Hitler. Hitler galt als wirtschaftspolitischer Laie. Die einzelnen Initiativen, mit denen das Wirtschaftswunder des Dritten Reiches in Gang gesetzt wurde, stammten größtenteils nicht von ihm, sondern waren das Werk eines anderen Mannes: seines „Finanzzauberers“ Hjalmar Schacht.[12)] Hitler holte den gebürtigen Dänen zuerst an die Spitze der Reichsbank und anschließend ins Wirtschaftsministerium. Schacht verfügte nicht nur über ausgezeichnete Verbindungen zu deutschen Industriekapitänen, sondern konnte auch auf gute Kontakte zu maßgeblichen Kreisen der mächtigen Finanzpolitik Großbritanniens und der USA zurückgreifen.

Hitler betrachtete Erdöl als einen der wichtigsten Rohstoffe des industriellen Zeitalters sowie als Grundlage einer unabhängigen Wirtschaft und Voraussetzung für eine Erfolg versprechende Kriegsführung.

Im Mai 1934 begab sich der Präsident der Bank von England persönlich nach Berlin, um finanzielle Vereinbarungen mit der neuen deutschen Regierung zu treffen. Diese monetäre Unterstützung Hitlers kann auch als Teil der britischen Appeasement-Politik der Dreißigerjahre gewertet werden. Britische Regierungskreise, allen voran Premier Arthur Neville Chamberlain, waren der Meinung, Hitlers Expansionsdrang durch Verhandlungen und Zugeständnisse abschwächen zu können. In diesem Sinne initiierten Großbritannien und Frankreich 1933 sogar eine Abrüstungskonferenz, deren Scheitern wohl voraussehbar war.[13)] Höhepunkt dieser Politik war das Münchner Abkommen vom 30. September 1938, wodurch praktisch mit britischer und französischer Zustimmung Hitlers Einmarsch in die Tschechoslowakei vorbereitet wurde.

Hitler war sich der enormen wirtschaftlichen und militärischen Bedeutung des Erdöls vollkommen bewusst. Er betrachtete Erdöl als einen der wichtigsten Rohstoffe des industriellen Zeitalters sowie als Grundlage einer unabhängigen Wirtschaft und Voraussetzung für eine Erfolg versprechende Kriegsführung. Da er jedoch auf keinerlei eigene Ölreserven zurückgreifen konnte, förderte er Unternehmen, die sich der Entwicklung synthetischen Treibstoffs aus Braunkohle widmeten. Die enormen Kosten spielten für ihn dabei keine Rolle. Wichtigster Produzent war die IG Farben (aus der nach dem Krieg die heutige BASF hervorging). 1913 war dem deutschen Chemiker Friedrich Bergius erstmals die Verflüssigung von Kohle gelungen. 1931 wurde ihm dafür der Nobelpreis für Chemie verliehen, den er sich mit dem Generaldirektor der IG Farben, Carl Bosch, teilte. 1939 waren bereits 14 Hydrieranlagen für die Herstellung synthetischen Treibstoffs in Betrieb, 6 weitere wurden gebaut. 1940 stellte die IG Farben zehn Millionen Liter synthetischen Treibstoffs pro Tag her. 95 Prozent des Bedarfs an Flugbenzin wurden dadurch gedeckt.[14)] Bis 1943 verdoppelte sich die Produktion. Neue Werke wurden in unmittelbarer Nähe zu Konzentrationslagern errichtet oder, wie im Fall von Monowitz, das Konzentrationslager im Treibstoffwerk.

Die Entwicklung synthetischen Treibstoffs war auch ein Anknüpfungspunkt für Kontakte zur Standard Oil of New Jersey. Die Kooperation der IG Farben mit dem US-amerikanischen Ölgiganten erwies sich allerdings als nicht sonderlich erfolgreich, weil die Herstellung von Treibstoff aus Kohle preislich nicht mit Ölprodukten konkurrieren konnte. Die Standard Oil verwendete das deutsche Verfahren lediglich, um aus der gleichen Menge Öl mehr Benzin herstellen zu können. Wer mit internationalen Industriekapitänen zu tun haben wollte, konnte auch an der Royal Dutch/Shell nicht vorbeikommen. Zumal man Henry Deterding große Sympathien für das Regime Hitlers nachsagte. 1935 initiierte er auf eigene Faust Verhandlungen über Öllieferungen mit dem Dritten Reich. Das Management der Shell distanzierte sich zunehmend von Deterding und begann Gegenmaßnahmen zu setzen, um nicht gegen die Interessen Großbritanniens zu verstoßen. 1936 trennte sich der mittlerweile 70-jährige Deterding nicht nur von Shell, sondern auch von seiner weißrussischen Ehefrau, um seine wesentlich jüngere deutsche Sekretärin zu heiraten und nach Deutschland zu übersiedeln. Er starb Anfang 1939, kurz vor Ausbruch des Krieges.[15)]

Der Zweite Weltkrieg

Trotz aller Bemühungen um Unabhängigkeit beruhte die deutsche Ölversorgung Mitte der Dreißigerjahre immer noch weitgehend auf Lieferverträgen mit der Sowjetunion, die in Deutschland auch ein eigenes Vertriebssystem unterhielt. Als Deutschland dieses Vertriebssystem 1936 einstellte, verweigerte die Sowjetunion alle Öllieferungen bis zum Abschluss des Hitler-Stalin-Pakts 1939.

Die zweite Ölbezugsquelle des Deutschen Reiches war Rumänien. 58 Prozent des deutschen Bedarfs wurden aus den Feldern Rumäniens (Ploieşti) gedeckt. Als die Sowjets Nord-Rumänien besetzten, sah Hitler seine Erdölquellen massiv bedroht.[16)]

Das Wissen um die mangelhafte Energiesituation bestimmte die Strategie der deutschen Kriegsherren. „Energieschonende" Blitzkriege gegen Polen, Norwegen, die Niederlande, Belgien und Frankreich charakterisierten die ersten Kriegsjahre. Die jeweiligen Kämpfe mussten beendet sein, noch bevor ein Mangel an Treibstoff auftreten konnte. Gleichzeitig sicherte sich Hitler auf diese Weise wesentliche Ölvorräte. Doch mit synthetischem Treibstoff allein konnte die Welt nicht erobert werden. Das wusste der deutsche Generalstab. Mit immer begehrlicheren Blicken schielte man daher auf die reichen Ölquellen im Kaukasusgebiet. Diese Erdölvorräte und das fruchtbare Ackerland der Ukraine sollten Deutschland unbesiegbar machen – zwei wesentliche Gründe für den deutschen Angriff auf die Sowjetunion 1941. Doch diesmal funktionierte die Taktik des Blitzkriegs nicht mehr. Einerseits, weil die deutsche Wehrmacht die Truppen Mussolinis in Griechenland unterstützte und daher erst später als vorgesehen die Ostfront eröffnen konnte, andererseits, weil sich der Benzinverbrauch aufgrund der schlechten Straßen und vielen geografischen Hindernisse auf dem Weg nach Osten verdoppelte. Hitlers ursprünglicher Terminplan hatte vorgesehen, die Sowjets noch vor dem Winter vom kaukasischen Öl abzuschneiden. Aber stattdessen hatten die deutschen Truppen selbst Nachschubprobleme! Eine Offensive im Frühjahr 1942 („Operation Blau") sollte das dringend benötigte Öl beschaffen. Der Plan Hitlers sah vor, vom Kaukasus bis in den Iran und den Irak vorzustoßen und die dortigen Ölquellen zu erobern. Als die Deutschen die westlichen kaukasischen Ölzentren endlich erreicht hatten, fanden sie nichts als zerstörte Anlagen und für ihre Panzer unbrauchbaren Diesel. Die deutsche Ölknappheit

„Energieschonende" Blitzkriege gegen Polen, Norwegen, die Niederlande, Belgien und Frankreich charakterisierten die ersten Kriegsjahre. Die jeweiligen Kämpfe mussten beendet sein, noch bevor ein Mangel an Treibstoff auftreten konnte.

erreichte zu diesem Zeitpunkt bereits so große Ausmaße, dass deutsche Panzer oft tagelang festsaßen. Man versuchte sogar, Nachschub per Kamel heranzuschaffen, was sich jedoch als vollkommen unzureichend erwies. Im November 1942 war der Vorstoß nach Baku endgültig gescheitert. Hitler soll damals gesagt haben: „Wenn wir Baku nicht kriegen, ist der Krieg verloren“[17] – und damit sollte er Recht behalten.

Hitler soll damals gesagt haben: „Wenn wir Baku nicht kriegen, ist der Krieg verloren.“

Ein ähnliches Schicksal ereilte die deutschen Truppen in Nordafrika. Auch hier versagte die Blitzkrieg-Methode. Das Kriegsgebiet zwischen Libyen und Ägypten erstreckte sich über eine Länge von 1500 Kilometern, sodass Beweglichkeit der Truppen eine unbedingte Voraussetzung für den Sieg war. Anfänglich verzeichneten Oberbefehlshaber Rommel und Hitler große Erfolge, sodass sie bereits einen Durchbruch bis Palästina, den Irak und den Iran vor Augen hatten. Doch mit der Zeit konnten die Versorgungseinheiten immer weniger mit den Truppen Schritt halten. Der Grund dafür war Malta. Von hier aus griffen die Alliierten die deutschen Versorgungseinheiten an. Die Nachschublinien waren bereits so lang geworden, dass die Lastwagen auf der Strecke mehr Benzin verbrauchten, als sie mitführen konnten. Versorgungsflugzeugen ging der Treibstoff aus. Italienische Schiffe erreichten Nordafrika nicht mehr. Als alliierte Verbände 1942 in Algerien und Marokko landeten und damit den deutschen Nachschub endgültig kappten, musste sich Rommel mit seinem Afrikakorps ergeben. Er hatte Hitler gewarnt: „Der tapferste Mann nützt nichts ohne Kanone, die beste Kanone nützt nichts ohne viel Munition, und Kanone und Munition nützen im Bewegungskrieg nicht viel, wenn sie nicht durch Fahrzeuge mit genügend Benzin bewegt werden können.“[18]

Im Sommer 1944 setzten heftige Bombardements der Alliierten auf die deutschen Treibstofffabriken ein. Die Verluste für Deutschland waren dramatisch. Die deutsche Luftwaffe geriet in enorme Bedrängnis. Da half auch die Entwicklung der ersten Düsenjäger nichts mehr. Ohne Flugbenzin blieben sie im Hangar. Ihre letzte Offensive unternahmen die deutschen Truppen in den

Ardennen im Dezember 1944. Auch hier kam der Vormarsch binnen einer Woche aufgrund von Treibstoffmangel zum Erliegen. Ihr Standort lag in kurzer Entfernung zu einem der größten Treibstofflager der Alliierten, wo 100 Millionen Liter Treibstoff aufbewahrt wurden. Die Deutschen aber kannten diesen Standort nicht und konnten mit einer vergleichsweise kleinen Feuerwand zum Rückzug gedrängt werden.

Flächenbrand im Pazifik

Nicht nur in Europa war Öl eines der Ziele und gleichzeitig eine treibende Kraft des Krieges – auch im Pazifik. Ähnlich wie die deutschen Verbündeten musste auch Japan schnelle Erfolge anstreben, weil die USA sowohl in ihrer Wirtschaftskraft als auch mit ihren Erdölreserven dem japanischen Kaiserreich auf Dauer weit überlegen waren. Doch zunächst war Japan im Vorteil. Die riesigen Entfernungen, die für die Versorgung der amerikanischen Truppen überwunden werden mussten, erwiesen sich als problematisch. Deshalb konnte Japan seinen Einflussbereich in kurzer Zeit wesentlich ausweiten. Innerhalb weniger Monate hatten die Japaner die Rohstoffe ganz Südostasiens in ihrer Gewalt. Bei ihrem Rückzug von den Pazifikinseln hatten die Amerikaner zwar alle Ölfelder zerstört, doch die Japaner konnten die Anlagen rasch wieder instand setzen.

Mit dieser Ausweitung des Machtbereichs war aber auch Japan auf lange Versorgungslinien angewiesen, die nun von den US-Truppen intensiv attackiert wurden. Die moderne U-Boot-Flotte der USA versenkte binnen kurzer Zeit 86 Prozent der japanischen Handelsflotte. Neun Prozent wurden so stark beschädigt, dass sie nicht mehr einsatzfähig waren. Ab 1944 wurden deutlich mehr japanische Öltanker versenkt als neue gebaut. Ab Januar 1945 gelangte auf dem Seeweg kein Öl mehr nach Japan. Im Gegensatz zum deutschen Verbündeten gelang es Japan nicht, nennenswerte Mengen synthetischen Treibstoffs herzustellen. Die Auswirkungen waren verheerend. Die endgültige Wende im Kriegsgeschehen brachte die Schlacht um Midway, eine Inselgruppe nordwestlich von Hawaii, Anfang Juni 1942. Was als bedeutender japanischer Schlag gegen die US-Marine geplant war, erwies sich als Debakel für Admiral Yamamoto. Den Amerikanern war es gelungen, den Geheimcode der japanischen Marine zu knacken. So konnten sie die Aufmarschpläne der japanischen Marine entschlüsseln und die eigenen Flugzeugträger und schweren Kreuzer rechtzeitig in Stellung bringen.[19)]

Von nun an setzten die Japaner Kamikaze-Bomber ein, die am feindlichen Objekt samt dem Piloten explodierten. Ihre zerstörerische Wirkung war groß, und gleichzeitig sparten sie Sprit, weil die Maschinen nicht zurückkehrten. Hier war wohl Öl deutlich wertvoller als Blut.

Der Nimbus der unschlagbaren japanischen Marine begann zu bröckeln. Ihr endgültiges Ende kam im Oktober 1944 mit der Seeschlacht im Golf von Leyte, nahe der gleichnamigen ostphilippinischen Insel. Japan wollte die USA an der Einnahme der Philippinen hindern, damit die eigenen Nachschubwege nicht gänzlich unterbunden würden. Aufgrund von Treibstoffmangel konnten die japanischen Schlachtschiffe den Zielort aber zum Teil gar nicht, zum Teil erst zu spät erreichen. Japan verlor die Schlacht, drei Schlachtschiffe, alle vier Flugzeugträger und eine beträchtliche Anzahl von Zerstörern. Von nun an setzten die Japaner Kamikaze-Bomber ein, die am feindlichen Objekt samt dem Piloten explodierten. Ihre zerstörerische Wirkung war groß, und gleichzeitig sparten sie Sprit, weil die Maschinen nicht zurückkehrten. Hier war wohl Öl deutlich wertvoller als Blut.

Trotz der aussichtslosen Lage lehnte Japans Regierung weiterhin eine Kapitulation ab. Das Kriegsende wurde schließlich durch den Abwurf der beiden Atombomben auf Hiroshima und Nagasaki am 6. bzw. 9. August 1945 auf entsetzliche Weise herbeigeführt. Japan kapitulierte eine Woche später am 15. August 1945. Nachdem amerikanische Truppen japanischen Boden betreten hatten, entdeckten sie in Höhlen und anderen Verstecken 316.000 Barrel Öl. Eine beträchtliche Menge, wenn man bedenkt, dass die japanische Luftwaffe Ende 1944 21.000 Barrel Öl pro Tag verbrauchte. Das aufgefundene Öl war ausschließlich für Kamikaze-Flüge vorgesehen gewesen.[20)]

Der Sieg der Alliierten über Deutschland und Japan fußte also überwiegend darauf, dass sie – von einigen Ausnahmen abgesehen – die Versorgung ihrer

Möglicherweise wurde also durch den Ölmangel eine Chance von historischer Bedeutung vertan, nämlich das Ende des Zweiten Weltkriegs bereits im Herbst 1944 herbeizuführen.

Truppen mit Treibstoff zu jedem Zeitpunkt und an jedem Ort sicherstellen konnten. Nur einmal funktionierte diese Versorgung nachweislich nicht: bei der Landung alliierter Truppen in Frankreich. Der alliierte Vormarsch erfolgte für die Nachschubtruppen zu schnell. Die Nachschublinien wurden so lang, dass nicht genügend Treibstoff an die Front gebracht werden konnte. So kam der Vorstoß für einige Tage zum Stillstand. In dieser Zeit konnten die Deutschen ihre Truppen neu formieren, es folgten neun Monate verlustreicher Kämpfe. Die Befreiung Westeuropas forderte Millionen Menschenleben und Verwundete, auch bei den Alliierten, die sich nicht ausreichend mit Treibstoffvorräten ausgerüstet hatten. Möglicherweise wurde also durch den Ölmangel eine Chance von historischer Bedeutung vertan, nämlich das Ende des Zweiten Weltkriegs bereits im Herbst 1944 herbeizuführen.

1) F. William Engdahl, Mit der Ölwaffe zur Weltmacht. Der Weg zur neuen Weltordnung, Dr. Böttiger Verlag, Wiesbaden 1993, S. 43
2) Engdahl, S. 48
3) Meilensteine der Geschichte, Parwlak Verlag, Herrsching 1990, S. 616
4) Daniel Yergin, Der Preis. Die Jagd nach Öl, Geld und Macht, S. Fischer, Frankfurt am Main 1991, S. 216 ff.
5) Yergin, S. 220
6) Henry Bérenger, Le Pétrole et la France, Paris 1920, S. 175–180
7) Yergin, S. 305
8) Yergin, S. 298
9) Stephen V. O. Clarke, The Reconstruction of the International Monetary System: The Attempts of 1922 & 1933. Princeton 1973, NJ. Princeton Studies in International Finance, Nr. 33, zit. in Engdahl, Mit der Ölwaffe zur Weltmacht.
10) Engdahl, S. 120
11) Yergin, S. 350
12) Sebastian Haffner, Anmerkungen zu Hitler, Kindler, München 1978
13) Fischer Weltgeschichte: Das Zwanzigste Jahrhundert I. Europa 1918–1945, S. Fischer, Frankfurt am Main 1987, S. 252
14) Yergin, S. 432
15) Yergin, S. 479
16) Yergin, S. 432 ff.
17) Yergin, S. 438; Quelle: A. Stahlberg, Die verdammte Pflicht. Erinnerungen 1932 bis 1945, Ullstein Verlag, Berlin 1987, S. 248 ff.
18) Yergin, S. 445; Quelle: Rommel über Treibstoffprobleme: B. H. Liddell Hart, The Rommel Papers, Da Capo Press, New York 1953, S. 342–389
19) Meilensteine der Geschichte, S. 671
20) Yergin, S. 475

02

Die neue Ölordnung

Energiehunger geht über alles

Mitte der Vierzigerjahre des vorigen Jahrhunderts entdeckten amerikanische und britische Ölkonzerne neue Erdöllager von gigantischen Ausmaßen in Saudi-Arabien, Kuwait, Bahrain und Persien. Als die Benzinrationierung in den USA nach Beendigung des Zweiten Weltkrieges im August 1945 aufgehoben wurde, setzte ein wahrer Öl-Boom ein. Das Auto wurde zum Symbol einer neuen Ära. 1945 waren weltweit rund 26 Millionen Autos auf den Straßen, 1950 bereits 40 Millionen. Der private Verbrauch von Erdöl und Benzin stieg in – selbst für die Ölkonzerne – überraschendem Ausmaß.

Parallel zum steigenden Verbrauch wurden aber auch immer mehr Erdölfelder gefunden. Die Prognosen für die Erdölreserven der Welt fielen immer optimistischer aus. Und trotzdem kam es in den Vereinigten Staaten 1947/48 zu einer Erdölverknappung. Die Transport- und Raffinationsmöglichkeiten hatten mit dem enorm gestiegenen Bedarf nicht Schritt gehalten und erwiesen sich vorübergehend als Flaschenhals. Erstmals in ihrer Geschichte sahen sich die Ölkonzerne mit einer völlig ungewohnten Situation konfrontiert: Sie mussten die Autofahrer auffordern, Benzin zu sparen! Binnen weniger Jahre hatte man sich in der westlichen Welt so sehr an die Nutzung des Erdöls gewöhnt, dass die Frage der Versorgungssicherheit zu einer der dominantesten Wirtschaftsfragen überhaupt wurde. „Öl war der Punkt, an dem Außenpolitik, internationale Wirtschaftsbestrebungen, nationale Sicherheit und Unternehmensinteressen konvergierten.“[1)] In Saudi-Arabien beherrschte die Arabian-American Oil Company, kurz Aramco, die Szene, ein Gemeinschaftsunternehmen von Texaco und Socal (Standard Oil of California). Ihr größtes Problem war der Überfluss: der schier unermessliche Reichtum an Öl, dessen Gewinnung enorme Investitionen in Förderanlagen und Raffination sowie den Aufbau eines funktionierenden Absatzmarktes verlangte. Letzteres sollte durch den Einstieg der Standard Oil of New Jersey geregelt werden, die dringend Öllieferungen für ihre europäischen Märkte benötigte. Als vierter Partner war die US-amerikanische Socony-Vacuum Oil im Gespräch (Ibn Saud bestand darauf, dass die Aramco ein rein arabisch-amerikanisches Unternehmen bleiben sollte). Nun wurde das Red-Line-Abkommen, das bei seinem Entstehen als großer Erfolg betrachtet worden war, plötzlich zum Hindernis.

Erstmals in ihrer Geschichte sahen sich die Ölkonzerne mit einer völlig ungewohnten Situation konfrontiert: Sie mussten die Autofahrer auffordern, Benzin zu sparen!

Schließlich waren sowohl die Jersey als auch Socony an der Iraq Petroleum Company beteiligt, die entsprechend der Red-Line-Selbstbeschränkung in Saudi-Arabien nicht aktiv werden konnte. Nach langen Verhandlungen gelangten die vier Parteien jedoch ans Ziel: Texaco, Socal, Socony und Standard Oil of New Jersey unterzeichneten im März 1947 einen Vertrag, mit dem sie sich die Konzessionen in Saudi-Arabien endgültig sicherten.[2)] Die neutrale Zone zwischen Kuwait und Saudi-Arabien, die bei der Grenzziehung 1932 entstanden war, hatte ebenfalls Konzessionen zu bieten. Kuwait verkaufte seinen Anteil an ein US-amerikanisches Konsortium mit dem Namen Aminoil, American Independent Oil Company. Den saudi-arabischen Part konnte ein neuer Spieler am Öl-Parkett für sich gewinnen: Jean Paul Getty, einer der reichsten Männer der Vereinigten Staaten.

Das Red-Line-Abkommen war im Zuge all dieser Konzessionsverhandlungen Makulatur geworden, die arabische Halbinsel aus dem europäischen Einflussbereich herausgelöst und fest unter US-amerikanischer Kontrolle. Den Briten verblieb nur ein – wenn auch sehr festes – Standbein in Kuwait. Die Kuwait Oil Company, im Besitz der amerikanischen Gulf Oil und der Anglo-Iranian Oil Company, hatte mit ähnlichen Problemen wie Aramco zu kämpfen. Zu viel Öl für den eigenen Absatzmarkt! Eine engere Bindung an die Royal Dutch/Shell war in diesem Fall die logische Konsequenz.

Das Red-Line-Abkommen war im Zuge all dieser Konzessionsverhandlungen Makulatur geworden, die arabische Halbinsel aus dem europäischen Einflussbereich herausgelöst und fest unter US-amerikanischer Kontrolle.

Blieben nur noch die Konzessionen im Iran ungeklärt. Die Sowjetunion hatte ihr Interesse an persischem Öl schon unter Molotow 1940 klar deklariert. Ein Interesse, das von britischer Seite nicht akzeptiert werden konnte. Die Ölfelder in Persien waren das Herzstück der Anglo-Persian Oil Company und damit auch von militärischem Interesse, zählte es doch seit jeher zu den Hauptaufgaben dieses Unternehmens, die Versorgung der britischen Marine sicherzustellen. In Persien galt es für die westlichen Mächte aber auch, dem Kommunismus entgegenzutreten. Stalins Truppen standen zu Ende des Zweiten Weltkrieges im Nord-Iran. Die große Befürchtung britischer und amerikanischer

Militärstrategen war, dass sich der Kommunismus von hier ausgehend bis auf die arabische Halbinsel ausbreiten könnte. Also lag es im Interesse der britischen und der US-Regierung, Persien an den Westen zu binden. Im südlichen Iran lagen die damals größten bekannten Ölfelder der Welt.[3] Mithilfe der Ölkonzerne wurde ein wirtschaftliches Bündnis zwischen dem Iran und dem Westen realisiert.

Mit den großen Deals in Saudi-Arabien, Kuwait und Persien verlagerte sich das Zentrum des Erdölgeschäfts in den Nahen Osten, mit weitreichenden Folgen für Politik und Weltwirtschaft. Die Regierungen der arabischen Staaten nutzten die Vergabe der Förderkonzessionen als Druckmittel gegenüber den Erdölkonzernen. Gleichzeitig waren sie aber in höchstem Maß von deren Konzessionszahlungen abhängig. Mit dem aufsteigenden Nationalismus in den Staaten des Nahen Ostens führte dies zu einer schwierigen Balance im Kräftegleichgewicht der Mächte. Die technische Entwicklung der Erdölförderung, der Raffination und des Transports ging in rasantem Tempo voran. Bei den Bohrungen auf dem Festland drang man in immer größere Tiefen vor. Noch viel aufsehenerregender war der Beginn der Offshore-Förderung in tiefen Gewässern, wie im Golf von Mexiko. Last but not least begann man sich intensiv mit der Nutzung von Erdgas zu beschäftigen, das bis Mitte der Vierzigerjahre größtenteils abgefackelt worden war. Die gesamte Energieversorgung der USA und Europas wurde binnen weniger Jahre von Kohle auf Erdöl bzw. Erdgas umgestellt. Nationale Interessen prägten die Politik vieler Erdöl produzierender Staaten zu Beginn der Fünfzigerjahre. So manche Regierung wollte nicht länger zusehen, wie ausländische Konzerne ihre Bodenschätze plünderten und dafür unverhältnismäßig wenig bezahlten.

Mit den großen Deals in Saudi-Arabien, Kuwait und Persien verlagerte sich das Zentrum des Erdölgeschäfts in den Nahen Osten, mit weitreichenden Folgen für Politik und Weltwirtschaft.

Venezuela war eines der ersten Länder, in denen das Problem für die Ölkonzerne virulent wurde. Der korrupte Diktator Juan Vicente Gómez war 1935 gestorben, das Land versank im Elend. Die gesamte Wirtschaft Venezuelas hing von den Ölexporten ab. Goméz' Nachfolger machten sich daran, den Erdölbereich und die Konzessionen neu zu strukturieren. In den USA war die Enteignung der Ölkonzerne durch die mexikanische Regierung in den Dreißigerjahren noch lebhaft in Erinnerung. Ein zweites Debakel dieser Art konnte und wollte man sich in Venezuela nicht leisten. Eine Gruppe unabhängiger Experten wurde zusammengerufen, um die Verhandlungen zwischen der venezolanischen Regierung auf der einen Seite sowie der Royal Dutch/Shell und der Standard Oil of New Jersey auf der anderen Seite zu führen. Das Ergebnis dieser Verhandlungen war ein Erdrutsch im Öl-Business: Künftig sollten die Einnahmen aus dem Ölgeschäft zwischen der Regierung Venezuelas und den Erdölkonzernen 50:50 geteilt werden![4] Natürlich konnte dieser Deal nicht lange geheim gehalten werden. Bald darauf drängten außerdem Saudi-Arabien, Kuwait und der Irak auf ähnliche Lösungen und bekamen sie auch. Der 50:50-Deal Venezuelas hatte damit eine neue Grundlage für die Beziehungen zwischen Rohstofflieferstaaten und Erdölkonzernen geschaffen.

Der 50:50-Deal Venezuelas hatte damit eine neue Grundlage für die Beziehungen zwischen Rohstofflieferstaaten und Erdölkonzernen geschaffen.

Besonders schwierig erwiesen sich die Verhandlungen auf persischem Terrain. Der selbst ernannte Schah Reza Pahlewi, der mit Hitlerdeutschland sympathisierte, war 1941 gestürzt worden, als Briten und Sowjets Streitkräfte zum Schutz der Raffinerie von Abadan nach Persien verlegt hatten. Sein 21-jähriger Sohn folgte auf den Thron, konnte des korrupten und instabilen politischen Systems des Landes allerdings nicht Herr werden. Nur in einem waren sich persische Bevölkerung und Politiker einig: in ihrem Hass auf alles Britische, vor allem auf die Anglo-Persian Oil Company. Eine Enteignung und Verstaatlichung des Unternehmens war zu befürchten. Monatelange Verhandlungen nahmen ihren Lauf. Als im Jahre 1950 der Koreakrieg ausbrach, gewann persisches Öl zusätzlich an Bedeutung. Die Raffinerie von Abadan lieferte den Löwenanteil des Flugbenzins für die östliche Hemisphäre.

In dieser Situation ernannte der Schah General Ali Razmara zum neuen Premierminister, dessen Wort bei den Verhandlungen mit den britischen Öl-Herren größtes Gewicht hatte. Kurz bevor der jüngst vereinbarte 50:50-Deal mit den Saudis bekannt wurde, boten die Briten der persischen Regierung die gleiche Aufteilung an. Doch dieses Angebot genügte nun nicht mehr. Mohammed Mossadegh, Vorsitzender des Ölausschusses im persischen Parlament, forderte die Verstaatlichung der Ölgesellschaft. Razmara, der sich in einer Rede im März 1951 gegen eine solche Verstaatlichung aussprach, fiel einige Tage später einem Mordanschlag zum Opfer. Mossadegh, der größte Gegner der Briten und der Anglo-Iranian Oil Company, wurde zum neuen Premier des Iran bestimmt. Nun bekam Öl immer stärker symbolisches Gewicht. Die Bewahrung der nationalen Identität wurde mehr und mehr mit der Herrschaft über das Öl gleichgesetzt.[5)]

Nun bekam Öl immer stärker symbolisches Gewicht. Die Bewahrung der nationalen Identität wurde mehr und mehr mit der Herrschaft über das Öl gleichgesetzt.

Am 1. Mai 1951 trat ein Verstaatlichungsgesetz in Kraft, in dem die Anglo-Iranian Oil Company bereits als „ehemalige Gesellschaft“ bezeichnet wurde. Die Lage war paradox: Während die Anglo-Iranian weltweit aktiv war, galt sie im Iran als aufgelöst. Die Situation der Anlagen, vor allem der Raffinerie in Abadan, blieb über Monate hinweg unklar. Die Produktion ging dramatisch zurück. Die Briten setzten de facto ein Embargo durch, indem sie allen Reedern mit gerichtlichen Schritten drohten, wenn sie „gestohlenes Öl“ verschifften.[6)] Die Iraner antworteten mit einem Gesetz, das Nachlässigkeit und Sabotage unter Todesstrafe stellte. Der Chef der Anglo-Iranian Oil Company wurde heimlich außer Landes gebracht und führte seine Geschäfte von nun an vom irakischen Basra bzw. einem Schiff im Persischen Golf aus. Zur Rettung ihrer „persischen Kronjuwelen“ erwogen die Briten sogar einen militärischen Schlag gegen den Iran. Das Empire hatte seit dem Krieg viel von seiner Macht verloren. Es hatte Indien „in die Freiheit entlassen“ und seine Oberhoheit über Palästina aufgegeben. Sollte es jetzt seine wirtschaftliche

Macht im Iran verlieren, könnte vielleicht der nächste Schlag durch die Verstaatlichung des Suez-Kanals folgen. Die US-Regierung bemühte sich, eine britische Militärintervention zu verhindern. Sie befürchtete, dass die Briten damit der Sowjetunion einen Vorwand zum militärischen Einmarsch im Iran bieten würden. Ihr Angebot an die britische Regierung war ein Verhandlungskommissär: Averell Harriman. Er sollte als Außenstehender zwischen Mossadegh und den Briten vermitteln. Der Iran stimmte einer solchen Vorgangsweise zu, zeigte sich jedoch wenig kompromissbereit. Die wochenlangen Verhandlungen scheiterten. Am 25. September 1951 gab Mossadegh den letzten britischen Angestellten in Abadan eine Woche Zeit, um die Anlagen zu räumen. In den folgenden Wochen und Monaten wurde der lange Arm Moskaus im Iran immer deutlicher spürbar. Eines der Warnsignale für die Amerikaner war die Entsendung eines neuen sowjetischen Botschafters nach Teheran. Er hatte sich schon 1948 in Prag bewährt, als die Sowjets die Macht in der Tschechoslowakei an sich gerissen hatten. Nun waren sich Amerikaner und Briten einig: Mossadegh musste gestürzt werden. „Operation Ajax" wurde geplant, geleitet von Kermit Roosevelt, Enkel Theodore Roosevelts und Mitarbeiter der CIA. Unterstützung kam vom britischen Geheimdienst. Mossadegh erfuhr von den geheimen Plänen des Schahs und plante nun selbst den Sturz des Regenten. Der musste mit seiner Frau über Bagdad nach Rom flüchten.

Zur Rettung ihrer „persischen Kronjuwelen" erwogen die Briten sogar einen militärischen Schlag gegen den Iran.

Doch das Blatt wendete sich, als Mossadegh die Unterstützung der Militärs verlor. Die iranische Armee fühlte sich traditionell stärker der Monarchie verbunden und bereitete, mit logistischer und nachrichtendienstlicher Unterstützung der USA, einen Staatsstreich unter General Fazlollah Zahedi vor.[7)] Mossadegh wurde verhaftet. Schah Reza Pahlewi und seine Frau kehrten nach Teheran zurück. Im August 1953 saß der Schah wieder auf dem Pfauenthron und hielt die Zügel der Macht in Händen. Die Verhandlungen um das Öl konnten aufs Neue beginnen. Die Anglo-Iranian (frühere Anglo-Persian) hielt sich bewusst zurück, um nicht erneut nationalistische Gefühle im Iran zu wecken. Nun kam den Amerikanern die tragende Rolle zu. Geleitet wurden die Verhandlungen von Herbert Hoover jun., Sohn des früheren US-Präsidenten, einem anerkannten Öl-Consultant. Die amerikanischen Ölkonzerne waren allerdings nicht sonderlich begeistert von dem Gedanken, sich im Iran zu engagieren.

Zusätzliches iranisches Öl hätte sie zur Rücknahme der Förderung in den arabischen Ländern gezwungen, was wiederum Spannungen mit den dortigen Regierungen erwarten ließ. Doch die politischen Interessen der USA und Großbritanniens, den Iran vor dem Einfluss der Sowjets zu schützen, hatten Vorrang. Die Ölkonzerne mussten sich den übergeordneten politischen Zielen fügen. Ein Konsortium sollte die Verhandlungen mit dem Iran führen. Doch auch diesmal erwiesen sich die Gespräche als äußerst zäh. Erst im September 1954 fand man eine Einigung mit der nunmehr National-Iranian Oil Company. Ende Oktober 1954, drei Jahre nach der Enteignung der Anglo-Iranian Oil Company, floss in Abadan erstmals wieder Öl in wartende Tanker.

Die persische Lösung war ein weiterer Meilenstein nach dem 50:50-Deal Venezuelas. Erstmals standen sich zwei Partner gegenüber, die gleichberechtigt miteinander verhandelten. Die Einigung lief darauf hinaus, dass Ressourcen und Anlagen grundsätzlich Eigentum des Iran waren. Das Konsortium übernahm die Verwaltung der iranischen Ölindustrie und den Vertrieb des geförderten Öls. Die Anglo-Iranian hatte damit zwar viel verloren, blieb aber mit 40 Prozent immer noch bedeutendster Partner im Konsortium. Die Royal Dutch/Shell verfügte über 14 Prozent, jede der fünf amerikanischen Gesellschaften über zunächst 8 Prozent und die französische Gesellschaft CPF über 6 Prozent.[8]

Die persische Lösung war ein weiterer Meilenstein nach dem 50:50-Deal Venezuelas. Erstmals standen sich zwei Partner gegenüber, die gleichberechtigt miteinander verhandelten.

Öl durch den Suez-Kanal

Doch die Erdölindustrie musste immer schon an mehreren Fronten gleichzeitig kämpfen. Während die Schwierigkeiten mit dem Iran noch höchst virulent waren, begann ein neuer Brand am Suez-Kanal aufzuflackern. 1948 hatte der Kanal durch die Unabhängigkeit Indiens zwar seine Bedeutung als Handelsweg innerhalb des britischen Empires verloren, stieg aber gleichzeitig in seiner Bedeutung für die Ölwirtschaft. Der Suez-Kanal war die kürzeste Verbindung für Erdöl vom Persischen Golf nach Europa. 1955 entfielen zwei Drittel der Schiffstonnage, die am Suez-Kanal transportiert wurde, auf Öltanker. Zwei Drittel des nach Europa gelieferten Öls kamen den Weg über den Suez-Kanal. Damit war er von eminenter Bedeutung für Europas Wirtschaft.

Zwei Drittel des nach Europa gelieferten Öls kamen den Weg über den Suez-Kanal. Damit war er von eminenter Bedeutung für Europas Wirtschaft.

Aber Ägypten war nicht eben ein Land politischer Stabilität. 1952 stürzte General Mohammed Nagib den sybaritischen König Faruk in einem unblutigen Staatsstreich. 1953 erklärte er Ägypten zur Republik und sich selbst zum Staatspräsidenten. Nagibs politisches Leben war allerdings kurz und wurde 1954 durch den Putsch von Oberst Gamal Abdel Nasser, der schon am Sturz Faruks maßgeblich beteiligt war, beendet. Nasser führte einen permanenten Kampf gegen den Westen, indem er die panarabische Bewegung ins Leben rief, zur Zerschlagung Israels aufforderte und versuchte, den Sudan dem ägyptischen Hoheitsgebiet einzuverleiben. Seinen ersten Sieg gegenüber London stellte ein Vertrag über den Abzug britischer Truppen aus der Suez-Kanal-Zone dar. Damit war die militärische Präsenz Großbritanniens in Ägypten endgültig vorbei. Die Beziehungen zu London verschlechterten sich nahezu täglich. Um Nasser zu beschwichtigen, planten die britische und die amerikanische Regierung die Unterstützung Ägyptens in dessen Bemühungen um einen Weltbankkredit für den Bau des Assuan-Staudamms. Als Nasser sich jedoch um Waffenkäufe aus der Sowjetunion bemühte, forderte er die US-Regierung heraus. Sie revanchierte sich 1956, indem sie sich im Rahmen der Weltbank für eine stärkere finanzielle Unterstützung des jugoslawischen Staatschefs Tito und gegen Nasser aussprach. London schloss sich dieser Entscheidung an.

Nasser reagierte mit drastischen Maßnahmen: Er verstaatlichte den Suez-Kanal, um mit diesen Einnahmen den Assuan-Staudamm zu finanzieren, und besetzte die Kanalzone mit seinen Truppen. Drei Monate schwieriger diplomatischer Verhandlungen folgten. Washington setzte auf Beschwichtigung.

Doch die Europäer hatten das Versagen der Appeasement-Politik gegenüber Hitler 1938 noch zu deutlich in Erinnerung. Nassers Eroberungspläne ließen in ihren Augen Parallelen zum Dritten Reich erkennen. Unter Beteiligung des britischen Außenministers Sir Anthony Eden, der 1938 aus Protest gegen die Appeasement-Politik Chamberlains zurückgetreten war, trafen sich am 24. Oktober 1956 britische und französische Diplomaten und Militärs mit einer hochrangigen Delegation Israels. In einer Villa in Sèvres bei Paris wurden Pläne für einen britisch und französisch unterstützten Einmarsch der Israelis im Sinai geschmiedet. (Am 25. Oktober war die Rote Armee in Budapest einmarschiert, Moskau war also anderweitig beschäftigt.) Schon am 29. Oktober begann der israelische Vormarsch. Am 30. Oktober verkündeten London und Paris – wie in Sèvres vereinbart – ihr Ultimatum an Ägypten und erklärten ihre Absicht, die Kanalzone zu besetzen. Am 31. Oktober bombardierten die Briten ägyptische Flugplätze. Die ägyptische Armee zog sich aus dem Sinai zurück. Da unterlief den Briten und Franzosen ein schwerwiegender Fehler: Die Besetzung der Kanalzone verzögerte sich um einige Tage. In dieser Zeit ließ Nasser mit Steinen beladene Schiffe im Kanal versenken und machte ihn damit unpassierbar. Auf seine Anweisung hin sabotierten syrische Ingenieure die Pipelines der Iraq Petroleum Company. Damit war der Ölfluss aus dem Nahen Osten gestoppt.

Die Europäer hatten immer damit gerechnet, dass ihnen die USA in diesem Fall mit Öllieferungen aushelfen würden. Washington aber war über die Suez-Pläne nicht informiert gewesen und daher verstimmt. US-Präsident Dwight D. Eisenhower machte deutlich, dass er nichts zur Unterstützung Frankreichs und Großbritanniens unternehmen werde, bevor nicht alle britischen und französischen Truppen aus der Kanalzone abgezogen seien. Ende November 1956 war es so weit. Nasser hatte gewonnen.

Der Einstieg Italiens

Seit Schah Reza Pahlewi 1954 wieder den Pfauenthron bestiegen hatte, waren seine Pläne für ein großpersisches Reich weit gediehen. Dafür brauchte er Geld, viel Geld. Beste Quelle dafür: iranisches Öl. Er suchte einen unabhängigen Ölspezialisten und fand Enrico Mattei. Mattei war fest entschlossen, aus dem italienischen Staatsunternehmen AGIP einen weltumspannenden Erdölkonzern zu schaffen. In Italien konnte sich AGIP mit einem stattlichen Marktanteil neben Shell und Esso (Standard Oil of New Jersey) behaupten, doch in der internationalen Liga spielten die Italiener zu diesem Zeitpunkt nicht mit. 1953 setzte Mattei einige wichtige Schritte auf dem Weg zum Global Player. Er vereinigte mehrere staatliche Unternehmen der Mineralöl und Erdgas verarbeitenden Industrie unter einem neuen Namen: ENI – Ente Nazionale Idrocarburi. Um die Erdöllieferungen für sein Unternehmen sicherzustellen, wollte Mattei am Nahost-Business der Ölkonzerne teilhaben. Der einzig denkbare Partner für ihn war der Schah. Im Gegensatz zu allen anderen Erdöl fördernden Staaten verfügte er direkt über die Ressourcen in seinem Land, das Konsortium gewissermaßen nur über die Vermarktungsrechte. Im Sommer 1957 kamen der Schah und Mattei überein: Die National Iranian Oil Company wurde Partner der ENI und verpachtete ihr Land und Ölreserven. 75 Prozent des Erlöses daraus gingen an den Iran, 25 Prozent an ENI.[9)] Das Konsortium war in heller Aufregung. Doch die Zusammenarbeit Italien-Iran erwies sich ohnehin als wenig erfolgreich, denn die zugewiesenen Erdölfelder waren unergiebig. Eines aber hatte Mattei nachhaltig bewirkt: Die 50:50-Aufteilung war Geschichte.

Um die Erdöllieferungen für sein Unternehmen sicherzustellen, wollte Mattei am Nahost-Business der Ölkonzerne teilhaben. Der einzig denkbare Partner für ihn war der Schah.

Schon begann sich der nächste Krisenherd abzuzeichnen: diesmal im Irak. Ägyptens Staatsoberhaupt Nasser hatte seine panarabische Idee immer mit viel Vehemenz vertreten. Gestärkt durch seinen Sieg in der Suez-Krise gelang es ihm 1958, Ägypten mit Syrien zur Vereinten Arabischen Republik zusammenzuschließen (1961 brach diese Union nach einem Putsch in Syrien wieder auseinander). Sein nächstes Ziel war der Irak, wo sich seine Propaganda überwiegend gegen die von London unterstützte haschemitische Herrscherfamilie richtete. Im Juli 1958 kam es zu einem außerordentlich grausamen blutigen Umsturz. Die neue Regierung in Bagdad verlangte sofort eine grundlegende Revision der Konzessionen der Iraq Petroleum Company. Der Kampf gegen die Erdölkonzerne galt aber nicht ihnen allein, sondern ebenso sehr den westlichen Regierungen. Damit war eine neue Ära im Kampf um Öl angebrochen.

Schauplatz Venezuela

Wie kaum in einem anderen Land zeigte sich in Venezuela der enge Zusammenhang zwischen Regierungsform und Ölinteressen. Nach dem Militärputsch im Jahre 1948 und der Militärdiktatur von Oberst Marcos Pérez Jiménez (1953–1958) stieg die Erdölproduktion Venezuelas zwar sprunghaft an, aber die Wertschöpfung für das Land wuchs damit kaum.

Nach dem Zusammenbruch der Militärdiktatur wurde Rómulo Betancourt zum neuen Regierungschef Venezuelas ernannt, ein scharfer Kritiker Jiménez', der auch den internationalen Ölkonzernen sehr skeptisch gegenüberstand. Für die Ölkonzerne sollte es zum Bumerang werden, dass die Erdölexploration ausgerechnet während der Diktatur so stark angestiegen war und deshalb eng mit dieser verbunden wurde. Erdölspezialist der Regierung Betancourt war Juan Pablo Pérez Alfonso, ein nüchterner Analytiker und vorsichtiger Pragmatiker, dem die außerordentliche Bedeutung der Erdölindustrie für die gesamte wirtschaftliche Entwicklung seines Landes völlig klar war. Er wollte nicht nur den Anteil der Regierung an der Erdölrendite erhöhen, sondern ihr auch die Entscheidungsgewalt über Produktion und Vermarktung erkämpfen.[10] Die Erlöse sollten für ein tief greifendes soziales und wirtschaftliches Entwicklungsprogramm Venezuelas genutzt werden. Die größte Schwierigkeit, die er zu überwinden hatte, stellten die hohen Produktionskosten in

Für die Ölkonzerne sollte es zum Bumerang werden, dass die Erdölexploration ausgerechnet während der Diktatur so stark angestiegen war und deshalb eng mit dieser verbunden wurde.

Venezuela dar. Pro Barrel venezolanischen Erdöls wurden etwa 80 US-Cent für die Förderung veranschlagt, im Nahen Osten lagen die Kosten bei nur rund 20 US-Cent. Caracas konnte sich also keinesfalls auf einen Preiskampf einlassen. Als die Regierung Eisenhower zum Schutz der inländischen Erdölindustrie Einfuhrquoten für Erdöl bestimmte, war Venezuela besonders stark betroffen. Mehr als 40 Prozent seiner Ölförderung hatte das südamerikanische Land bisher in die USA exportiert. Als Alfonso versuchte, zu einer Sonderlösung für Venezuela zu kommen, stieß er in Washington nur auf taube Ohren. Also suchte er anderswo nach einer Lösung und fand sie im Nahen Osten. In Saudi-Arabien hatte etwa zur gleichen Zeit Abdullah Tariki die Ölgeschäfte in die Hand genommen. Der in den USA ausgebildete Geologe und Chemiker leitete das neu gegründete „Direktorium für Erdöl- und Bergbauangelegenheiten". Konsequent verfolgte er das Ziel, einen saudi-arabischen Erdölkonzern zu schaffen. Dafür musste er Kontrolle über die Raffinerien und die Verkaufsnetze gewinnen – und die Macht der Aramco zurückdrängen.

Weltweit herrschte auf den Ölmärkten der Fünfzigerjahre ein gewaltiger Überschuss. Die Sowjetunion war in die Riege der Erdölländer zurückgekehrt, in Libyen waren riesige neue Erdöllagerstätten gefunden worden. Die Preise verfielen, die Gesellschaften sahen sich gezwungen, immer höhere Rabatte zu gewähren. Die Förderzinsen, die die Erdölländer für das Rohöl erhielten, wurden auf Basis des sogenannten „Posted"-Preises berechnet, der offiziell festgelegt und vertraglich vereinbart wurde. Anfänglich stimmte dieser Posted-Preis mit den tatsächlich erzielbaren Marktpreisen überein. Durch die Rabattierungen der Fünfzigerjahre klafften die beiden Tarife aber immer stärker auseinander. Die Margen für die Erdölkonzerne schwanden. Eine Senkung des Posted-Preises hätte die Erdöl exportierenden Länder allerdings empfindlich getroffen und damit zu heftigen Gegenreaktionen geführt. Die Erdölkonzerne aber sahen bald keine andere Möglichkeit.

Die Preise verfielen, die Gesellschaften sahen sich gezwungen, immer höhere Rabatte zu gewähren.

Als erste Gesellschaft setzte British Petroleum im März 1959 den Rotstift an. Einige Tage später, im April 1959, trafen sich 400 Delegierte zum Arabischen Ölkongress in Kairo. Tariki vertrat Saudi-Arabien, Venezuelas Pérez Alfonso kam als Beobachter. Auf Vermittlung eines amerikanischen Journalisten trafen sich die beiden Erdöl-Exponenten zu einem ersten Gespräch, dem ein weiteres geheimes Treffen mit den Vertretern der wichtigsten Erdöl exportierenden Staaten folgte.[11] Im Rahmen dieses inoffiziellen Gesprächs wurden umwälzende Ideen diskutiert: dass die Regierungen Beratungskommissionen ins Leben rufen und die Preisstruktur verteidigen, das 50:50-Abkommen in ein 60:40-Abkommen umändern und sich selbst feste Märkte sichern sollten. Beschlossen wurde dieses Programm im Rahmen eines Gentlemen's Agreement, das sich als nationales Gegengewicht zu den Erdölkonzernen formierte.

Zunächst wurde diese neue Organisation von der westlichen Welt nicht als besonders bedrohlich empfunden. Doch als Monroe Jackson Rathbone, Chef der Standard Oil of New Jersey, im Sommer 1960 gegen den Widerstand seiner Berater den Posted-Preis für Rohöl aus dem Nahen Osten um sieben Prozent kürzte, löste er einen Sturm der Entrüstung in den Erdöl exportierenden Ländern aus. Mit einem Federstrich hatte er, ohne vorherige Konsultationen, das Volkseinkommen zahlreicher Staaten radikal gekürzt. Eine Vorgangsweise, die nicht nur wirtschaftlich von enormer Bedeutung war, sondern auch das Selbstverständnis der betroffenen Regierungen vor den Kopf stoßen musste. Man fühlte sich an die finstersten Kolonialzeiten erinnert. Innerhalb weniger Stunden trafen sich Tariki und Alfonso in Beirut, um die weitere Vorgangsweise zu diskutieren. Am 10. September kamen die Repräsentanten Saudi-Arabiens, Venezuelas, Kuwaits, des Irak und des Iran in Bagdad zusammen. Am 14. September waren sie sich über

Damit war die OPEC gegründet. 80 Prozent der weltweiten Rohölexporte stammten aus den Quellen dieser fünf Gründerstaaten, und trotzdem nahmen die westlichen Erdölkonzerne diese neue Organisation immer noch nicht wirklich ernst.

ihre gemeinsame Vorgangsweise einig: Damit war die OPEC gegründet. 80 Prozent der weltweiten Rohölexporte stammten aus den Quellen dieser fünf Gründerstaaten, und trotzdem nahmen die westlichen Erdölkonzerne diese neue Organisation immer noch nicht wirklich ernst. In den ersten zehn Jahren ihres Bestehens blieb die OPEC auch tatsächlich ein eher zahnloser Tiger. Zu groß waren die politischen Differenzen der Mitgliedsstaaten untereinander.

Besonders heftig war die Rivalität zwischen Iran und Saudi-Arabien. Das bekamen auch die internationalen Erdölkonzerne zu spüren. Öl sprudelte im Überfluss, die Märkte waren übersättigt. Um die Preise stabil zu halten, hätten die Konzerne die Förderung gerne zurückgenommen. Damit standen sie massiv im Widerspruch zu jenen Erdölländern, deren gesamtes Wirtschaftsleben auf Ölförderung basierte und die ihre Ölgewinnung gerne steigern wollten. Deshalb waren die Konzerne ständig bemüht, die Menge an Rohölförderung in den beiden Staaten auszutarieren. Trotzdem wuchs die Fördermenge im Iran wesentlich stärker als in Saudi-Arabien. Da die Ausgangsbasis der Saudis aber wesentlich höher war, fiel das in absoluten Zahlen zunächst kaum auf. Der Markt konnte mittlerweile enorme Mengen Erdöls aufnehmen. Zwischen 1949 und 1972 hatte sich der gesamte Weltenergieverbrauch durch die zunehmende Industrialisierung verdreifacht. Der Bedarf an Erdöl war in der gleichen Zeitspanne weltweit um das Fünffache gestiegen. In den Vereinigten Staaten verdreifachte sich der Bedarf in diesen Jahren, in Europa stieg er um das 15-Fache. In Japan wuchs der Ölverbrauch in diesen 23 Jahren gar um das 137-Fache an![12] Die Regierungen all dieser Staaten hatten sich überwiegend auf die Energiequelle Öl konzentriert – obwohl sie spätestens seit der Suez-Krise wissen mussten, wie krisenanfällig diese Energiepolitik war!

Der Markt konnte mittlerweile enorme Mengen Erdöls aufnehmen. Zwischen 1949 und 1972 hatte sich der gesamte Weltenergieverbrauch durch die zunehmende Industrialisierung verdreifacht. Der Bedarf an Erdöl war in der gleichen Zeitspanne weltweit um das Fünffache gestiegen.

Sechstagekrieg – sechs Monate Ölknappheit

Mit der Suez-Krise, in der sich Ägypten gegenüber Großbritannien und Frankreich erfolgreich durchgesetzt hatte, ergab sich eine deutliche Verschiebung der politischen Einflusssphären im Nahen Osten. London und Paris hatten die letzten Reste ihrer einstigen Kolonialmacht in den Sand gesetzt. Moskau war bereit, das machtpolitische Vakuum zu füllen und sich als Schutzmacht der jungen arabischen Nationen zu positionieren. Israel, das in weiten Bereichen von der Militär- und Wirtschaftshilfe der USA abhängig war, geriet zunehmend in Isolation. Ein Krieg mit den Nachbarstaaten begann sich 1963 abzuzeichnen, als Tel Aviv damit anfing, das Wasser aus dem Oberlauf des Jordan umzuleiten. Die arabischen Staaten hatten bereits mehrmals erklärt, dass eine solche Maßnahme für sie einen Kriegsgrund darstellen würde.[13)] Besonders betroffen war Syrien, wo sich nach einem Putsch im Februar 1966 Luftwaffenkommandeur Hafiz al-Assad an die Spitze der Regierung gestellt hatte. Im Mai 1967 häuften sich die Zwischenfälle an der israelisch-syrischen Grenze. Israel drohte mit einer Invasion. Zur Unterstützung der arabischen Brüder in Syrien griff Nasser Israel an und entsendete Truppen in den Sinai. Ägypten sperrte auch die Meerenge von Tiran für die israelische Schifffahrt, wissend, dass Israel eine solche Maßnahme nicht akzeptieren würde. Die Situation eskalierte am 5. Juni 1967, dem Beginn des Sechstagekrieges. Mit einem Überraschungsangriff zerstörten Israels Bomber die Luftwaffe Ägyptens, Jordaniens, Syriens und des Irak noch am Boden. In einer der größten Panzerschlachten der Geschichte wurde die ägyptische Armee vernichtend geschlagen. Israelische Truppen besetzten die Altstadt von Jerusalem, Westjordanien und die Sinai-Halbinsel bis zum Suez-Kanal sowie die Golan-Höhen. Diese militärische Niederlage traf alle beteiligten arabischen Staaten, schließlich hatte auch die Unterstützung durch saudische, irakische, marokkanische und algerische Einheiten das Blatt nicht zu wenden vermocht.[14)]

Die Zerstörung Israels war seit jeher erklärtes Ziel der arabischen Staaten gewesen. Militärisch war es ihnen nicht gelungen, deshalb wurde nun Öl als wirtschaftliches Druckmittel eingesetzt. Schon einen Tag nach der für Israel erfolgreichen Eröffnung der Kampfhandlungen riefen die arabischen Ölminister zu einem Embargo gegen all jene Staaten auf, die Israel unterstützten. Die großen Erdölexporteure Saudi-Arabien, Kuwait, Irak, Libyen und Algerien stellten mit einem Schlag die Belieferung der USA, Großbritanniens, der Niederlande und teilweise auch Deutschlands ein.

Die Zerstörung Israels war seit jeher erklärtes Ziel der arabischen Staaten gewesen. Militärisch war es ihnen nicht gelungen, deshalb wurde nun Öl als wirtschaftliches Druckmittel eingesetzt.

Unternehmen wie die Aramco, an der vier US-Konzerne beteiligt waren, gerieten damit in eine äußerst prekäre Situation. Am 8. Juni exportierten Saudi-Arabien und Libyen überhaupt kein Öl mehr. Der Ölfluss war auf 40 Prozent der Menge von vor drei Tagen zurückgegangen! Der Transport des noch vorhandenen Öls drohte im Chaos zu versinken. Sowohl der Suez-Kanal als auch die Pipelines, die vom Irak und von Saudi-Arabien ans Mittelmeer führten, waren gesperrt. Unabhängig davon brach zur gleichen Zeit die Ölförderung Nigerias zusammen. In einem blutigen Bürgerkrieg spaltete sich der östliche Landesteil, in dem die bedeutenden Öllager konzentriert waren, als Biafra von Nigeria ab. Als Reaktion darauf blockierte Nigeria sämtliche Ölexporte.

Nachdem sich die Ölkonzerne vom ersten Schrecken erholt hatten, bewiesen sie wieder einmal ihre Fähigkeiten zum Krisenmanagement. Seitens der US-amerikanischen Regierung, die sich zu dieser Zeit auf den Vietnamkrieg konzentrierte, wurden die entsprechenden gesetzlichen (kartellrechtlichen) Rahmenbedingungen für eine enge Zusammenarbeit der Konzerne geschaffen. Die Fördermengen auf den amerikanischen Heimatölfeldern, in Venezuela und dem Iran wurden deutlich hinaufgeschraubt. Damit reduzierte sich das Ölproblem auf die Logistik und somit auf eine lösbare Aufgabe. Erdöl wurde zwischen den Staaten so verteilt, wie es in der jeweils aktuellen Situation nötig war. Das selektive Embargo schwächte also die Sprengkraft der arabischen Ölwaffe. Die wahren Verlierer waren all jene Staaten, die das Embargo ausgesprochen hatten und damit ihrer Einnahmen verlustig gingen. Die Saudis wollten diese Situation nicht länger hinnehmen. Auf ihren Druck hin wurde das Embargo Anfang September wieder außer Kraft gesetzt, die Ölförderung massiv erhöht, um die Verluste der vergangenen Monate wieder auszugleichen.

Zu Beginn der Siebzigerjahre war der Energiebedarf der westlichen Welt weiter deutlich angestiegen. Trotz massiver Erdölexploration konnte das Angebot die Nachfrage kaum decken. Neue Erdölfelder wurden gesucht – und auch gefunden. Alaska galt als eines der besonders Erfolg versprechenden Hoffnungsgebiete. 1967 wurde in der Prudhoe Bay ein „Elefant" gefunden, was im Branchenjargon der Ölleute ein riesiges Erdölfeld bezeichnet. Die Exploration scheiterte zunächst aber daran, dass aufgrund massiver Einsprüche vonseiten der Umweltschützer keine Baugenehmigung für eine Pipeline erteilt wurde. Glücklicher war der Fund der Occidental Petroleum Corporation in Libyen.

Erdöl wurde zwischen den Staaten so verteilt, wie es in der jeweils aktuellen Situation nötig war. Das selektive Embargo schwächte also die Sprengkraft der arabischen Ölwaffe.

Mithilfe eines militärischen Putsches übernahm im September 1969 Muhammar al Gaddafi, ein glühender Verehrer Nassers, die Macht im nordafrikanischen Wüstenstaat. Unmittelbar danach ließ er alle britischen und amerikanischen Militärbasen schließen und die italienische Bevölkerungsminderheit ausweisen. Nach der Schließung aller katholischen Kirchen innerhalb Libyens widmete er sich den zahlreichen Ölunternehmungen im Land. Libyen hatte bei der Vergabe von Konzessionen schon immer eine besondere Strategie verfolgt. Während die meisten arabischen Länder den Großteil ihrer Ölkonzessionen an einen oder zwei Konzerne vergeben hatten, diversifizierte Libyen von Anfang an. Zum Zeitpunkt der Machtübernahme Gaddafis waren 21 Ölunternehmen in Libyen aktiv. Gaddafi strebte mit aller Vehemenz eine Erhöhung des Posted-Preises an. Andernfalls würde er die Förderungen in seinem Land stilllegen lassen. Bei Widerstand drohte Verstaatlichung. Also bekam Gaddafi, was er wollte: eine Erhöhung der Förderzinsen um 20 Prozent. Damit hatte er allen Erdöl exportierenden Ländern gezeigt, wie ein Staatschef mit den Ressourcen seines Landes umgehen kann. Sein Beispiel machte Schule. Nun kam die große Stunde der OPEC. Sie setzte nicht nur eine Erhöhung der Posted-Preise durch, sondern rief zu einer Verwirklichung der Partizipation auf. Die Länder wollten selbst Teilhaber ihrer reichen Erdölquellen sein. 1972 konnte der saudi-arabische OPEC-Minister Scheich Ahmed Zaki Yamani einen entsprechenden Kompromiss durchbringen. Ein Viertel des Gesellschaftsbesitzes sollte unmittelbar in das Eigentum der Golfstaaten übergehen, bis 1983 sollte sich diese Quote auf die entscheidende Mehrheit von 51 Prozent erhöhen. Algerien, Libyen, Kuwait und der Iran lehnten dieses Modell ab. Gaddafi bevorzugte Verstaatlichungen. Die libysche BP hatte er sich schon 1971 einverleibt, 1972 folgten 51 Prozent der anderen in Libyen tätigen Gesellschaften. Der Iran, der seit Mossadeghs Verstaatlichung der Anglo-Iranian selbst über seine Ölförderkonzessionen verfügte, konnte vom Modell der Partizipation nach Yamanis Vorstellungen nicht mehr profitieren. Also verlangte der Schah, dass die iranische Gesellschaft die Anlagen künftig nicht nur besitzen, sondern sie auch führen sollte. Und während all dieser Verhandlungen stieg der Erdölbedarf unaufhörlich.

Die OPEC setzte nicht nur eine Erhöhung der Posted-Preise durch, sondern rief zu einer Verwirklichung der Partizipation auf. Die Länder wollten selbst Teilhaber ihrer reichen Erdölquellen sein.

1973 – Oktoberkrieg und Ölkrise

1969 war der Beginn der Nixon-Ära in den Vereinigten Staaten. Unter seiner Administration nahm Erdöl erstmals einen vorrangigen Stellenwert im Weißen Haus ein. Das Hauptaugenmerk galt den hohen Einfuhren und damit der Abhängigkeit von einer geopolitisch instabilen Region. Der erste Winter seiner Amtszeit wurde – meteorologisch gesehen – zum kältesten seit 30 Jahren. Ölverknappungen waren die Folge, deren Auswirkungen auch im darauffolgenden Sommer immer noch zu spüren waren. Zur Deckung des gestiegenen Bedarfs ließ Nixon die von Eisenhower festgeschriebenen Einfuhrquoten fallen. Die Lage auf dem Ölmarkt hatte sich dramatisch verändert. Auf 20 Jahre konstanten Überflusses folgten nun Jahre der Verknappung. Dem Gesetz von Angebot und Nachfrage folgend begannen die Preise zu steigen. In nur drei Jahren (1970–1973) verdoppelte sich der Preis für Rohöl. Davon wollten natürlich auch die Erdölländer profitieren. Die OPEC forderte neue Preisverhandlungen mit den Ölkonzernen. Noch schneller als die Preise veränderten sich jedoch die politischen Rahmenbedingungen. Nach Nassers Tod 1970 war in Ägypten Anwar el Sadat an die Macht gekommen.

Nasser, der für seinen Panarabismus gekämpft und entsprechend aufgerüstet hatte, hinterließ ihm eine schwere Hypothek. Ein Fünftel des gesamten Staatshaushalts wurde für militärische Zwecke verwendet. Sadat wusste, dass er bei einer solchen Budgetaufteilung niemals wirtschaftliche Fortschritte für sein Land erreichen konnte. Also suchte er nach Aussöhnung mit dem bisherigen Hauptgegner Israel. Seine Bemühungen gipfelten 1972 in der Ausweisung von 20.000 sowjetischen Militärberatern. Doch die erwarteten positiven Reaktionen des Westens blieben aus. Auch aus Israel kamen keine versöhnlichen Zeichen. Nun wechselte Sadat seinen Kurs, versuchte die Führungsrolle in der Palästinafrage zu übernehmen und gemeinsam mit Syrien gegen Israel vorzugehen.[15) Mit einem Überraschungsangriff am 6. Oktober 1973, als sich ganz Israel den Jom-Kippur-Feierlichkeiten widmete, eröffnete Kairo den Krieg. Am gleichen Tag trafen sich alle OPEC-Erdölminister zu Verhandlungen in Wien, um die Preisverhandlungen mit den Ölgesellschaften zu eröffnen. Beide Gesprächsparteien zeigten sich von den Ereignissen im Nahen Osten überrascht. Die Spannung im Saal war für jeden spürbar. Während die ägyptischen Truppen die Befestigungslinie entlang des Suez-Kanals durchbrachen und auf die Sinai-Halbinsel vorstießen, griff Syrien die israelischen Stellungen am Golan an. Israel war wie gelähmt. Seine Truppen gingen erst zwei Tage später zum Gegenangriff über. Schon vor Beginn der Kampfhandlungen hatte Sadat Saudi-Arabiens König Feisal als Einzigen über seine Absichten informiert und ihn um Unterstützung durch die „Ölwaffe“ gebeten. Nach den schlechten Erfahrungen mit dem Ölembargo 1967 hatte Feisal diese

Auf 20 Jahre konstanten Überflusses folgten nun Jahre der Verknappung. Dem Gesetz von Angebot und Nachfrage folgend begannen die Preise zu steigen. In nur drei Jahren (1970–1973) verdoppelte sich der Preis für Rohöl. Davon wollten natürlich auch die Erdölländer profitieren.

Möglichkeit lange Zeit ausgeschlossen. 1973 aber war die Situation eine andere. Mit Sadat hatte Ägypten einen Führer, der den Panarabismus Nassers (der sich auch gegen die Fürstenhäuser gerichtet hatte) nicht länger fortsetzte. Der Anteil der Saudis an der Weltölproduktion hatte sich bis 1973 auf 21 Prozent erhöht. Die Nachfrage nach Öl war größer als das Angebot. Alles in allem waren die Aussichten auf den Erfolg eines Ölembargos 1973 also wesentlich besser als 1967. Die OPEC-Delegierten wurden aus Wien nach Kuwait beordert, wo sie am 17. Oktober den umfassenden Einsatz der Ölwaffe beschlossen. Mit Lieferbeschränkungen, Embargo und Preiserhöhungen um 70 Prozent sollte die westliche Welt gezwungen werden, ihre Unterstützung für Israel aufzugeben.[16)]

Die OPEC-Delegierten wurden aus Wien nach Kuwait beordert, wo sie am 17. Oktober den umfassenden Einsatz der Ölwaffe beschlossen. Mit Lieferbeschränkungen, Embargo und Preiserhöhungen um 70 Prozent sollte die westliche Welt gezwungen werden, ihre Unterstützung für Israel aufzugeben.

Einer weitgehend geschlossenen arabischen Front stand ein US-Präsident gegenüber, der aufgrund des Watergate-Skandals überwiegend mit sich selbst beschäftigt und innenpolitisch schwer angeschlagen war. Nixon reagierte auf den OPEC-Beschluss mit der Ankündigung eines 2,2-Milliarden-Dollar-Militärpakets für Israel. Auf eine Reaktion musste Washington nicht lange warten. Noch am selben Tag verkündete Gaddafi einen vollständigen Lieferstopp für die USA. Außenminister Henry Kissinger war nach Moskau gereist, wo er mit den Sowjets zu Gesprächen über einen Waffenstillstand im Nahen Osten zusammentreffen wollte. Die Waffenstillstandspläne wurden jedoch weder von den Israelis noch von den Ägyptern eingehalten. Leonid Breschnew forderte unumwunden ein Eingreifen einer amerikanisch-sowjetischen Streitmacht. Käme diese nicht zustande, würde Moskau allein vorgehen. In dieser heißen Phase des Krieges erreichte Kissinger am 11. November einen Waffenstillstand zwischen den Kriegsparteien. Doch erst am 31. Mai des darauffolgenden Jahres konnte der endgültige Vertrag zwischen Israel und Ägypten unterzeichnet werden, in dem der Rückzug der israelischen Truppen sowie die Positionierung der UN-Truppen festgeschrieben wurde. Das Ölembargo war in dieser Zeit immer aufrecht geblieben.

Der Jom-Kippur-Krieg hat zu einer bedeutsamen Wende im weltweiten Ölbusiness geführt. Öl war endgültig zum politischen Geschäft geworden. Die Ölkrise von 1967 war noch von den Ölkonzernen allein bewältigt worden. 1973 hielten Präsidenten und Diplomaten das Heft in der Hand. Ihnen stand mit der OPEC erstmals in der Geschichte des Öls eine schlagkräftige Interessengemeinschaft der Erdöl exportierenden Länder gegenüber. Die Machtverhältnisse hatten sich deutlich verschoben. Das Instrument des Embargos hatte aufgrund des enormen Ölbedarfs der westlichen Welt ebenfalls ein völlig neues Gesicht bekommen. 1967 mussten die Ölländer die wirtschaftlichen Folgen ihrer Förder- und Lieferbeschränkung selbst tragen. 1973 traf es die importierenden Länder mit vollem Gewicht. Die Ölkonzerne mussten das auf dem Markt befindliche Öl sorgsam unter ihren Kunden aufteilen. Die Preise schnellten in die Höhe. Die Staaten des Nahen Ostens förderten und produzierten weniger und erhöhten trotzdem ihre Einnahmen. Im Jahre 1970 betrug der Posted-Preis 1,80 Dollar pro Barrel, im Oktober 1973 lag er bei 5,12 und im Dezember bei 11,65 Dollar!

Der Jom-Kippur-Krieg hat zu einer bedeutsamen Wende im weltweiten Ölbusiness geführt. Öl war endgültig zum politischen Geschäft geworden.

Sollte die Wirtschaft der westlichen Staaten unter dieser Last nicht völlig zusammenbrechen, so musste bald eine Lösung gefunden werden. Schon Mitte November verabschiedete die Europäische Gemeinschaft eine Resolution, die im aktuellen Konflikt die arabische Seite unterstützte. Damit verdiente sie sich den Anspruch, ein „freundlicher Staat“ zu sein und bei den Lieferungen etwas bevorzugt zu werden. Auf diese Weise aber brachten sich die Europäer erst recht in eine Zwickmühle. Die Niederlande blieben wegen ihrer pro-israelischen Haltung weiterhin von den Lieferungen ausgeschlossen. Wollten die europäischen Nachbarstaaten ihren „freundlichen“ Status nicht verlieren, durften sie an die Niederländer auch keine Lieferungen weiterleiten. Das aber hätte gegen die Regelungen der Europäischen Gemeinschaft verstoßen. In dieser Situation wies die Regierung in Den Haag Frankreich darauf hin, dass es 40 Prozent seines Erdgases aus den Niederlanden bezog. Also fand man doch stillschweigend zu einer Regelung, wie der nördliche Nachbar mit nicht arabischem Öl versorgt werden konnte.[17)]

Abgesehen von den USA war nun nur noch Japan vom Embargo betroffen. Kissinger setzte viele Bemühungen daran, Tokio auf der amerikanischen Seite zu halten. Doch Japan war in außerordentlich hohem Ausmaß auf Öl aus dem Nahen Osten angewiesen und unterstützte am 22. November 1973 mit einer öffentlichen Erklärung ebenfalls die Sache der arabischen Staaten. Letztendlich erwies sich Kissingers Pendeldiplomatie allerdings trotzdem als erfolgreich. Sadat erklärte gegenüber Feisal, dass sich die amerikanischen Ansichten denen Ägyptens genähert und das Embargo seinen Zweck erfüllt hätte. Am 18. März 1974 beschlossen die arabischen Ölminister die Aufhebung des Embargos (mit Ausnahme Syriens und Libyens). In den vergangenen sechs Monaten der Ölknappheit hatte sich die Machtpolitik innerhalb der Weltwirtschaft deutlich verschoben. Die OPEC hatte die Außenpolitik der mächtigsten Staaten dieser Erde über Wochen bestimmt. Sie beeinflusste die Innenpolitik europäischer Länder in großem Maß, und sie gab den Erdöl exportierenden Staaten die Macht über ihre Bodenschätze zurück.

Die OPEC hatte die Außenpolitik der mächtigsten Staaten dieser Erde über Wochen bestimmt. Sie beeinflusste die Innenpolitik europäischer Länder in großem Maß, und sie gab den Erdöl exportierenden Staaten die Macht über ihre Bodenschätze zurück.

In den westlichen Industrienationen führte das Embargo zu einer wirtschaftlichen Rezession, in den Entwicklungsländern zu wirtschaftlichen Katastrophen. Die enorm gestiegenen Ausgaben für die Energieversorgung ließen die Haushaltsbudgets der Dritten Welt endgültig zusammenbrechen. Obwohl sie weniger Öl importierten, stiegen ihre Zahlungen ins Unermessliche. Gleichzeitig drehten die Industrieländer aufgrund der eigenen wirtschaftlichen Probleme den Geldhahn für Entwicklungshilfe zurück. Die großen Gewinner der Krise 1973 waren die Erdöl exportierenden Länder. In den folgenden Jahren konnten sie nicht nur ihre Preise auf äußerst ertragreichem Niveau halten, sondern nach und nach auch alle Förderkonzessionen für ihre Länder zurückgewinnen. Ende der Siebzigerjahre hatte sich das Bild völlig gewandelt. Die internationalen Ölkonzerne waren nur noch Verteiler, die Macht über die

Förderung selbst lag weitestgehend in den Händen der jeweiligen Regierungen. Die Nachwehen der Kolonialzeit schienen endgültig vorüber.

Die westlichen Regierungen hatten ihre Lektion aber auch gelernt. Sie wollten sich in Zukunft nicht mehr allein auf die Ölvorräte des Nahen Ostens verlassen. Durch Sparmaßnahmen sollten die Verbrauchssteigerungen bei Erdöl eingedämmt und die Importe zurückgedrängt werden. Wie dringend diese Maßnahme war, kann am Beispiel Deutschlands dargelegt werden. 1976 musste Bonn um 160 Prozent mehr für seine Erdölimporte ausgeben als drei Jahre zuvor – obwohl der Verbrauch im gleichen Zeitraum um 10 Prozent zurückgegangen war.[18)] Mit dem Ausbau der Atomindustrie sowie der Kohlenutzung sollte die Abhängigkeit vom Energieträger Öl reduziert werden. Vor allem aber suchte man nach Erdölfeldern in politisch stabilen Regionen außerhalb des Einflussbereichs der OPEC. Zu diesem Zweck wurde im November 1974 die Internationale Energieagentur (IEA) mit Sitz in Paris gegründet. Nun gab der US-Kongress grünes Licht für die 1300 Kilometer lange Alaska-Pipeline. Die Investitionssumme betrug zehn Milliarden Dollar! Endlich konnte das Ölfeld in der Prudhoe Bay genutzt werden. Der Durchfluss sollte zwei Millionen Barrel pro Tag betragen.

Ende der Siebzigerjahre hatte sich das Bild völlig gewandelt. Die internationalen Ölkonzerne waren nur noch Verteiler, die Macht über die Förderung selbst lag weitestgehend in den Händen der jeweiligen Regierungen.

Zur gleichen Zeit wurden in Mexiko bei Offshore-Bohrungen reiche Erdölvorräte im Meeresboden entdeckt. Plötzlich war Mexiko nicht mehr ein Land, das für die Enteignung der Erdölkonzessionen in den Dreißigerjahren bestraft werden musste, sondern willkommener Kreditnehmer an der Wall Street (zumindest vorübergehend).

Die neuen Techniken erlaubten nun auch die Exploration der reichen Erdölfelder in der Nordsee. Noch vor wenigen Jahren wäre es völlig unwirtschaftlich gewesen, diese Erdölvorkommen zu nutzen. Nun aber, wo die Preise im Zuge des Embargos deutlich gestiegen waren, sorgten sie nicht nur für Unabhängigkeit, sondern auch für Profite. So wie Jersey-Vorstand Monroe Jackson Rathbone durch seine einseitige Herabsetzung des Posted-Preises im Jahre 1960 unfreiwillig als Geburtshelfer der OPEC fungiert hatte, ermöglichte die OPEC durch ihr Embargo erst die Exploration des Nordsee-Öls. Die OPEC büßte in der Folge viel von ihrem politischen Gewicht ein. Bis 1977 kamen zwei Drittel des Rohöls der Industriestaaten aus den Ölfeldern der OPEC-Mitgliedsstaaten. Fünf Jahre später, 1982, überwog erstmals die Erdölmenge, die außerhalb der OPEC-Länder gefördert wurde.[19] Die Konkurrenz der Märkte stieg rapide. Öl entwickelte sich zu einer Handels- und Spekulationsware wie andere auch. Langfristige Lieferverträge wurden zugunsten der Spotmärkte zurückgenommen. Es kam zu einer vorläufigen Machtverschiebung von den mächtigen Managern großer Ölkonzerne hin zu den Händlern an den weltweiten Börsen, die über Käufe und Verkäufe entschieden.

1982 überwog erstmals die Erdölmenge, die außerhalb der OPEC-Länder gefördert wurde.

Seit dem Beginn der Achtzigerjahre finden zwei Gedanken Eingang in die Diskussion um die Erdölnutzung: Der erste ist die Verknappung bzw. die Endlichkeit der Rohstoffreserve, und der zweite bezieht sich auf die Folgewirkungen der fossilen Verbrennung, die in ihrer vollen Dimension, nämlich in ihrer ökologischen, sozialen und friedenspolitischen, nur sehr langsam transparent werden. Eines zeigt sich seit den drei Golfkriegen sehr klar: Jeder unbewältigte Konflikt kann sich jederzeit entzünden. Solange die Weltwirtschaft auf Öl und Gas setzt, solange ist der systemimmanente Kriegsgrund vorhanden. Mit den drei großen Krisenherden am Golf, in Afrika und um das Kaspische Meer hat das 21. Jahrhundert mit einer Hypothek an Gewaltbereitschaft begonnen, deren Auswirkungen sich jederzeit in unabsehbare Konsequenzen steigern können.

Solange die Weltwirtschaft auf Öl und Gas setzt, solange ist der systemimmanente Kriegsgrund vorhanden.

1) Daniel Yergin, Der Preis: Die Jagd nach Öl, Geld und Macht,
S. Fischer, Frankfurt am Main 1991, S. 519
2) ebd., S. 525
3) F. William Engdahl, Mit der Ölwaffe zur Weltmacht.
Der Weg zur neuen Weltordnung, Wiesbaden 1993, S. 147
4) Yergin, S. 546
5) Reinhard Schulze, Geschichte der Islamischen Welt im 20. Jahrhundert,
C. H. Beck, München 1994, S. 181
6) Yergin, S. 576
7) Schulze, S. 183
8) Yergin, S. 596
9) Engdahl, S. 157
10) Yergin, S. 632
11) ebd., S. 640
12) ebd., S. 661
13) Gregor Schöllgen, Geschichte der Weltpolitik von Hitler bis Gorbatschow 1941–1991,
C. H. Beck, München 1996, S. 225
14) Schulze, S. 236
15) ebd., S. 255
16) Nahost-Ploetz, Ploetz, Freiburg i. Br.-Würzburg 1987, S. 100
17) Yergin, S. 767
18) Schöllgen, S. 322
19) Yergin, S. 889

03

Krisenherd Afrika

Rohstoffe machen arm

Betrachtet man die aktuelle politische und wirtschaftliche Situation der meisten afrikanischen Staaten, vor allem der rohstoffreichen, und fragt danach, ob die Entkolonialisation Afrikas jemals stattgefunden hat, so kommt man zwangsläufig zu dem Ergebnis: Sehr weit ist es mit der viel gepriesenen Unabhängigkeit nicht her. Im Gegenteil, der Kontinent befindet sich gerade in jenen Gebieten, in denen die fossilen Energieträger und andere Rohstoffe lagern, fest in den Händen multinationaler Konzerne oder weiterer ausländischer Interessenten, die sich Diktatoren als Marionetten halten. Ganze Regionen sind heiß umkämpft, und es herrscht fremdfinanzierter und fremdgeschürter Bürgerkrieg.

Im Vordergrund stehen oft Stammeskämpfe, im Hintergrund agieren die diskreten Drahtzieher der Geheimdienste, die Waffenfinanziers, desinformierende Medien und die smarten Regisseure der multinationalen Konzerne.

Afrika und seine vorgelagerte Küste ist nach wie vor ein begehrtes Erdöl- und Erdgas-Explorationsgebiet. Zwischen Mittelmeer und dem Kap der Guten Hoffnung leben eine Milliarde Menschen in 54 Staaten. Circa 10 Millionen Barrel Rohöl werden auf dem Schwarzen Kontinent pro Tag aus der Erde gepumpt. Derzeit sind es 5 Staaten, die insgesamt 90 Prozent des Öls fördern, jedoch steht diesen Ländern eine große Zahl von potenziellen Hoffnungsgebieten gegenüber. Die Hauptförderländer sind Algerien, Libyen und Ägypten in Nordafrika sowie Angola und Nigeria südlich der Sahara. Gabun, Kongo (Brazzaville), Tschad und Kamerun gelten als erdölreich. Südsudan, Äquatorial-Guinea, Zaire (jetzt Demokratische Republik Kongo), Namibia, Südafrika und Madagaskar verfügen ebenfalls über Öl- und Gasvorkommen. Mozambique und Tansania werden als potenzielle Gasfundstätten gesehen.

Eines steht fest: Rohstoffreichtum ist keineswegs gleichbedeutend mit sozialem Wohlstand eines Landes. Es ist in den meisten Fällen exakt umgekehrt.

Eines steht fest: Rohstoffreichtum ist keineswegs gleichbedeutend mit sozialem Wohlstand eines Landes. Es ist in den meisten Fällen exakt umgekehrt. Je reicher ein Land an Rohstoffen, desto ärmer die Bevölkerung, desto eher beherrscht eine despotische Militärdiktatur mit pseudodemokratischem Anstrich oder auch ohne diesen das Land. Die Erfahrung zeigt weiter, dass jede Erhöhung der Förderquoten den Staaten kein Wirtschaftswachstum, sondern bestenfalls eine Erhöhung der Rüstungsqualität bringt. Nigeria, eines der rohstoffreichsten Länder Afrikas, ist ein typisches Beispiel für diese Entwicklung. Obwohl dort immerhin drei Prozent des Welterdöls gefördert werden, herrscht im Land selbst akuter Treibstoffmangel.

Kongo

Der Kongo ist ein Beispiel dafür, wie man mit „Freunden“ verfährt, die als Gegenleistung ihre Freundschaft dadurch abzudienen haben, dass sie den Zugang zu den Rohstoffquellen kostengünstigst ermöglichen. Ein solcher „Freund“ der amerikanischen Welt war der ehemalige Maoist und zairische Rebellenführer Laurent-Désiré Kabila, der sich am 17. Mai 1997 nach Einnahme der Hauptstadt Kinshasa selbst zum Präsidenten der „Demokratischen Republik Kongo“ ernannte. Dem Anmarsch auf die Hauptstadt ging eine perfekt gesteuerte Medienwelle voraus, in der Kabila als Befreier des afrikanischen Staates von dem korrupten Franzosenfreund Mobutu gefeiert wurde. Kaum eine Fußnote war die Meldung wert, dass Kabila selbst zuvor skrupellos zehntausende ruandische Flüchtlinge in den Hungertod getrieben hatte. Auch die Forderung nach einer Untersuchung der Verbrechen an der Zivilbevölkerung während seines Marsches auf Kinshasa verlief sehr schnell im Sande. Robert von Lucius, langjähriger Afrika-Korrespondent der „Frankfurter Allgemeinen Zeitung“, berichtete am 15. März 1997: „Dabei gibt es Anzeichen dafür, dass das Erscheinen Kabilas ein Plan der CIA war ... In kurzer Zeit war die Zahl der CIA-Mitarbeiter in Kinshasa von zwei auf fünfzehn erhöht worden.“[1]

Arbeiten die Geheimdienste nicht mehr für ihren jeweiligen Staat, sondern bereits direkt für die multinationalen Konzerne? Wenn ja, wer gibt den Ton an? Oder sind die Interessen bereits identisch? Fragen über Fragen ergeben sich auf der Suche nach den politischen Zusammenhängen der Krisenherde auf der Welt. In Zaire war Frankreich Hauptausbeuter der Bodenschätze und hielt sich daher auch „seinen“ Diktator Mobutu Sese Seko. Den amerikanischen Interessen war Mobutu deshalb ein Dorn im Auge. Man wollte selbst an die Bodenschätze herankommen. Mobutu litt an Hodenkrebs und hatte das Maß an Verelendung seines Volkes schon längst überzogen, also schien das Land frei zu sein für eine Besitzübernahme. Die Auseinandersetzungen zwischen den Geheimdiensten theoretisch befreundeter Staaten nehmen bereits kriegsähnliche Zustände an, meinen anerkannte Afrikaexperten: „Und so kämpften französische und amerikanische Geheimdienste gegeneinander. Verärgert über die Hilfe Washingtons an Kabila soll der französische Geheimdienst nach Informationen der ‚New York Times‘ heimlich über die Firma Geolink Waffen an Mobutu geliefert haben, doch es war zu spät.“[2]

In Zaire war Frankreich Hauptausbeuter der Bodenschätze und hielt sich daher auch „seinen“ Diktator Mobutu Sese Seko. Den amerikanischen Interessen war Mobutu deshalb ein Dorn im Auge.

Jedenfalls handelte es sich in Zaire um einen typischen Stellvertreterkrieg zwischen Frankreich und den USA, wie in vielen anderen Staaten Afrikas auch, inklusive Algerien. Die Dritten im Bunde in Zaire waren die Briten, die ebenfalls auf die Gunst der Stunde hofften und sich Einfluss auf das rohstoffreiche Land versprachen. Sie ließen Kabilas Rebellen von SAS-Kämpfern in Uganda trainieren. Der Ausgang ist bekannt: Die Franzosen verloren ihren Einfluss, Mobutu musste fliehen und starb kurz darauf, die Briten erhielten ein paar Brosamen und Kabila etablierte die Amerikaner als Herren über die Bergbaugebiete, als wäre es eben sein Privatbesitz.

Degoutant wirkte die unverdeckte Gier der Hintermänner: Bereits während des Anmarsches Kabilas auf Kingshasa erhielten amerikanische Bergbaukonzerne erste Konzessionen in der kupferreichen Shaba-Provinz. Der Redakteur der „Frankfurter Allgemeinen Zeitung", Udo Ulfkotte, präzisiert seine Analyse: „Aus amerikanischer Sicht hatte man ein Hauptziel erreicht: Nicht das Schicksal der unter Mobutu ums Überleben kämpfenden Zairer, sondern einzig der strategische Zugriff auf die zairischen Rohstoffe für amerikanische Konzessionäre war Beweggrund für die Unterstützung Kabilas, der in der Vergangenheit ebenso wenig wie Diktator Mobutu als Freund der Menschenrechte aufgefallen war. Die Frage, ob der von Washington geförderte Kabila nun die Demokratie in Zaire/Kongo einführen werde, beantwortete der Kommentator der ‚Welt am Sonntag', Siegmar Schelling, am 18. Mai 1997 wie folgt: ‚Nichts spricht dafür bei einem Mann, der in den eroberten Gebieten Verträge zur Ausbeutung der reichen Bodenschätze an internationale Konzerne vergibt, als gehöre ihm das Land schon persönlich.'"[3] Nach der Machtergreifung Kabilas fielen die Kupferpreise über Nacht in den Keller. Für das Land blieb annähernd alles beim Alten, nur die Nutznießer waren neu. Die Formel der seriösen internationalen Beobachter war bald bekannt: Kabila ist gleich Mobutu.

Nach der Machtergreifung Kabilas fielen die Kupferpreise über Nacht in den Keller. Für das Land blieb annähernd alles beim Alten, nur die Nutznießer waren neu. Die Formel der seriösen internationalen Beobachter war bald bekannt: Kabila ist gleich Mobutu.

Mobutu besaß zahlreiche Villen in Frankreich, fette Konten in der Schweiz und gigantische Goldvorräte. Ein ZDF-Team filmte in einem Lager in Gambia 6 Tonnen Goldbarren im Gegenwert von etwa 100 Millionen Dollar. Insgesamt werden Mobutus Goldvorräte auf eine Milliarde Dollar geschätzt.

Kabila machte es nicht viel besser. Er versagte der Opposition jedes politisches Recht. Die Hilfsorganisation „Ärzte ohne Grenzen" sprach mehrmals von einer vorsätzlichen Strategie der Kabila-Partei ADFL, „die auf die Auslöschung aller verbliebenen Hutu-Flüchtlinge, Frauen und Kinder eingeschlossen" abziele. Mindestens 190.000 Flüchtlinge gelten als verschwunden. „Legt man", so der Redakteur des deutschen Nachrichtenmagazins „Focus", Walter Michler, „an Kabila dieselben Maßstäbe an wie an Serbenführer Karadžić, dann ist auch der neue Kongo-Präsident ein Kriegsverbrecher."[4] Kabilas Amtsperiode war nicht von langer Dauer: Bereits 2001 fiel er einem Attentat zum Opfer. Sein Sohn Joseph Kabila folgte ihm als Staatspräsident, den Verfall der Infrastruktur des Landes, die Ausplünderung der rohstoffreichen Ostprovinzen des Kongo und weitere Bürgerkriege konnte er jedoch nicht aufhalten. Seit 2001 neue Ölvorkommen am Albertsee, durch dessen Mitte die Grenze zwischen der Demokratischen Republik Kongo und Uganda verläuft, entdeckt wurden, steigen auch die Begehrlichkeiten und damit die Spannungen zwischen diesen beiden Staaten.[5]

Jenseits des Kongoflusses liegt Kongo-Brazzaville, die Republik Kongo. Hier spielte sich das Drama von Zaire mit umgekehrten Vorzeichen ab: Nur vier Monate nach dem Umsturz in Zaire putschte der Armeegeneral Denis Sassou-Nguesso gegen den demokratisch gewählten Präsidenten Pascal Lissouba. Nach einem fünfmonatigen Bürgerkrieg war die Revanche Frankreichs an Amerika perfekt. In der Zeitung „Die Welt" analysierte Christian Spillmann am 20. Oktober 1997 die Situation präzise: „Der Bürgerkrieg in Kongo-Brazzaville, der mit dem Sieg von Denis Sassou-Nguesso vorerst beendet ist, hat zwei ausländische Eltern: In dem zentralafrikanischen Staat geht es einerseits um alte französische Afrikainteressen und andererseits um die Rivalität zwischen dem französischen Erdölmulti Elf Aquitaine und dem US-Konzern Occidental Petroleum. Das Interesse des Auslandes hat das Land vor allem wegen seiner Erdölvorkommen geweckt. Vor der Küste bei Pointe-Noire liegen neu entdeckte Vorkommen, die die Weltölreserven erheblich aufgestockt haben. Die Vorkommen erstrecken sich bis in die Gewässer, die zu Gabun gehören, dessen Präsident Omar Bongo der Schwiegervater von Sassou-Nguesso ist, sowie nach Angola, das in dem Nachbarland an der Seite der Rebellen eingegriffen hat."[6] Der Bürgerkrieg endete mit den üblichen Rachemorden und Plünderungen.

Der Bürgerkrieg endete mit den üblichen Rachemorden und Plünderungen.

Wie trivial die Spielregeln in diesem schmutzigen Ölgeschäft sind, bringt Spillmann auf den einfachen Nenner: „Ein entscheidender Fehler des demokratisch gewählten, aber militärisch unterlegenen Präsidenten Pascal Lissouba war es, mit dem US-Unternehmen Occidental Petroleum einen Vertrag über rund 263 Millionen Mark ausgehandelt zu haben. Damit war der Zugriff Frankreichs auf den Reichtum in Kongo-Brazzaville bedroht."[7] Die französische Zeitschrift „Le Courrier d'Afrique Centrale" formulierte kurz und bündig:

> *„Der Sieg von Sassou-Nguesso ist eine gute Sache für Präsident Jacques Chirac."*[8]

Das Land hat die viertgrößte Erdölproduktion südlich der Sahara. Laut einem Bericht von Friederike Leibl in der Tageszeitung „Die Presse" wird von einer internationalen Presseagentur berichtet, Elf Aquitaine habe sich den Putsch in Kongo 15 Millionen Dollar kosten lassen, eine Behauptung, die der Konzern mit dem Hinweis „Es gibt keine Parteinahme des Hauses!" zurückweist.[9]

Frankreich hat den Putschisten bereits nach einem Tag anerkannt. Keine Frage nach Menschenrechten, keine Frage nach Demokratie oder gar ein Eingreifen wie am Golf. Das Öl ist in festen Händen, die Welt ist in Ordnung, bis zum nächsten Putsch. Und die Entdeckung der Ölfelder von Nkossa vor der kongolesischen Küste, wo man 15 Milliarden Barrel vermutet, macht das Gebiet weiterhin zum Objekt der Begierde. Dass die derzeitigen Verlierer sich ihrem Schicksal fügen, ist unwahrscheinlich oder, wie Friederike Leibl treffend formuliert: „‚Ölkonzerne kennen keine Grenzen', heißt es in westafrikanischen Diplomatenkreisen. Bis 1999 plant Elf Aquitaine Bohrungen in 43 neuen Ölfeldern in Westafrika: zwei in Gabun, elf in Nigeria, 13 im Kongo und 17 in Angola. Der Bürgerkrieg in der Republik in Kongo-Brazzaville ist zu Ende. Der Krieg um Öl und Macht noch lange nicht."[10]

Die Kriege werden teilweise mithilfe von bestausgebildeten Söldnern geführt. Der UNO fällt in der Regel zu diesen Vorgängen nichts ein. Eingegriffen wird vom Weltsicherheitsrat nur dort, wo es opportun erscheint oder wo keine der Machtinteressen der großen Ölgiganten tangiert werden. Viel mehr als sanktionsarme Resolutionen gibt es nicht.

Während die UNO bei den Vorfällen beiderseits des Kongoflusses keine entscheidenden Schritte unternahm, wurden gleichzeitig nordwestlich davon in der Republik Sierra Leone zumindest die Zähne gefletscht. Am 7. Oktober 1997 verhängte nämlich der Weltsicherheitsrat einstimmig Sanktionen über die Militärjunta in Sierra Leone; diese hatte unter Major Johnny Paul Koroma am 25. Mai 1997 gegen den demokratisch gewählten Präsidenten Ahamed Kabbah geputscht. Sierra Leone ist reich an Titan und Edelsteinen. Mit der Resolution 1132 sind von der UNO die Lieferung von Rohöl und Erdölprodukten sowie von Waffen einschließlich Munition, Militärfahrzeugen und Ausrüstungen verboten. In Sierra Leone herrschte von 1991 bis 2001 Bürgerkrieg. Unabhängig von der Wirksamkeit solcher Sanktionen bleibt die Frage offen, auf welcher Rechtsbasis sich die UNO bei Militärputschen einmal taub stellt, ein andermal Sanktionen verhängt.

Der Bürgerkrieg in der Republik in Kongo-Brazzaville ist zu Ende. Der Krieg um Öl und Macht noch lange nicht.

Angola

Das rohstoffreichste Land in der Region bietet geradezu ein Lehrstück dafür, wie Reichtum an Bodenschätzen Armut im Land bedingt und jede Form einer ruhigen Entwicklung von Vornherein systematisch verhindert und ausgeschlossen wird. 27 Jahre, von 1975 bis 2002, lebte Angola im Krieg, der laut Nachrichtenmagazin „Spiegel“ „rund 500.000 Menschenleben, zahllose Verletzte und Millionen Flüchtlinge forderte“.[11] Das riesige Land hat nur zwölf Millionen Einwohner, die teilweise in bitterster Armut leben. Mit Beginn des 21. Jahrhunderts wird Angola zum Armenhaus ohne Lichtblick am Ende des Tunnels: „Während die Militärelite in exklusiven Klubs und teuren Hotels verkehrt, spielen die Kinder im Müll. Kinder, von denen jedes dritte nicht einmal seinen fünften Geburtstag erlebt.“[12]

Das rohstoffreichste Land in der Region bietet geradezu ein Lehrstück dafür, wie Reichtum an Bodenschätzen Armut im Land bedingt und jede Form einer ruhigen Entwicklung von Vornherein systematisch verhindert und ausgeschlossen wird.

Die Armut der zwölf Millionen Menschen, die aufgerieben werden zwischen der Rebellenpartei UNITA ehemals unter Jonas Savimbi und der Regierungspartei MPLA (Volksbewegung für die Befreiung Angolas) unter José Eduardo dos Santos – amtierender Präsident von Angola – ist die Voraussetzung für den Reichtum der Dritten, die die Situation reichlich nutzen. Dies sind die Ölfirmen Texaco, Elf und Chevron, sie fördern 650.000 Barrel Öl pro Tag; brasilianische, russische und südafrikanische Unternehmen schürfen Diamanten im Ausmaß von zwei Millionen Karat im Jahr. Das Land ist wasserreich und war einst der viertgrößte Kaffeeproduzent der Welt. Doch die Regierung gibt die Hälfte des Einkommens für das Militär aus, nur zwei Prozent für das Gesundheitswesen. Das System ist morsch und kann nur mit roher Militärgewalt aufrechterhalten werden.

Gigantische Erdölvorkommen (vor allem in der nordangolanischen Enklave Cabinda, die das „afrikanische Kuwait“ genannt wird) und reiche Rohstoffreserven wurden in Angola entdeckt. Die damalige US-Außenministerin

Madeleine Albright besuchte am 12. Dezember 1997 die Ölförderplattform „Takula“ von Chevron im angolanischen Cabinda. Ihre Rede ließ an Offenheit nichts zu wünschen übrig; sie meinte, eine Friedensentwicklung sei Voraussetzung für amerikanische Investitionen. Wie die aussehen können, formulierte sie ebenfalls klar: „Die Vereinigten Staaten haben starkes nationales Interesse daran, Afrika an diesen Fronten zu helfen. So haben die Ölimporte aus Angola bereits jetzt einen Anteil von 7 % an den gesamt-amerikanischen Ölimporten – immerhin dreimal so viel wie die Importe aus Kuwait Anfang 1990. Wir erwarten, dass diese Zahlen in den kommenden Jahren dramatisch ansteigen werden. Die Export-Importbank der Vereinigten Staaten steht knapp vor dem Abschluss eines innovativen Darlehens in der Höhe von beinahe 90 Millionen US-Dollar, mit dem hier neue Ölfelder gesucht werden sollen. Weiters steht sie in Verhandlungen mit Sonangol und Chevron über weitere 350 Millionen US-Dollar, mit denen der Ankauf von amerikanischem Material finanziert werden soll. Ich freue mich sehr, heute eine bahnbrechende Initiative ankündigen zu können.“[13)]

Mit Beginn des 21. Jahrhunderts wird Angola zum Armenhaus ohne Lichtblick am Ende des Tunnels.

Im Klartext heißt dies nicht mehr und nicht weniger, als dass die Ausbeutung der neuen angolanischen Erdölfelder fest in amerikanischer Hand ist. Neben den Konzernen und fremden Regierungen gibt es noch eine Gruppe von Nutznießern, denen sich die Regierungen mit Haut und Haar verschreiben wie im faustischen Bunde mit dem Teufel, und die für ihre Dienste das Wertvollste verlangen, das die Länder haben, nämlich Schürfrechte für Bodenschätze. Es sind dies die Söldnerheere. Sie stammen im Wesentlichen aus den Restbeständen des südafrikanischen Apartheid-Regimes und haben sich nach der Demokratisierung des Landes selbstständig gemacht. Helfer und Helfershelfer gab es genug, und über Aufträge brauchen und brauchten sie nicht zu klagen. Bartholomäus Grill und Caroline Dumay veröffentlichten in der „Zeit“ vom 17. Januar 1997 eine dramatische Sittengeschichte über den größten afrikanischen Söldnerkonzern.

Darin heißt es unter anderem über den erfolgreichsten Söldnerboss Afrikas: „Eeben Barlow, vierzig Jahre alt, lenkt ein Großunternehmen. Er rechnet in Millionen. Er kommandiert ein Heer von Mitarbeitern. Er unterhält direkte Drähte zu den Staatschefs. In seinem Imperium ist der Kolonialismus nach Afrika zurückgekehrt.“ [13] Die Philosophie der neuen Söldner ist denkbar einfach: „Ihre Stoßtruppen gehorchen keiner Regierung mehr und fühlen sich keiner politischen Ideologie verpflichtet. Sie befolgen die Gesetze des Profits. Im Auftrag krisengeplagter Präsidenten greifen sie in Bürgerkriege ein und sichern die Macht der Eliten. Ihre Dienste werden fürstlich entlohnt: mit Schürfrechten für Diamanten, mit Konzessionen für Ölfelder und Lizenzen für Wirtschaftsunternehmen. Aus Barlows militärischer Keimzelle ist ein ökonomisches Imperium gewachsen, das die Ressourcen Afrikas ausbeutet.“[14]

Die Philosophie der neuen Söldner ist denkbar einfach: „Ihre Stoßtruppen gehorchen keiner Regierung mehr und fühlen sich keiner politischen Ideologie verpflichtet. Sie befolgen die Gesetze des Profits.“

Der UNO-Sicherheitsberater Enrique Ballesteros sieht die Söldnerfirmen als große Gefahr für den Kontinent, denn sie fressen sich wie ein Bandwurm in die Eingeweide der Länder und nehmen als Gegenleistung für ihr blutiges Handwerk die Konzessionen im Bergbau- und Energiesektor in Besitz: „Sobald die Lage einigermaßen stabil ist, beginnt die Firma die Konzession auszubeuten, indem sie eine Reihe von Tochtergesellschaften gründet, die wiederum in den Bereichen Luftverkehr, Straßenbau, Import und Export tätig werden und signifikante, wenn nicht sogar marktbeherrschende Positionen im wirtschaftlichen Leben des betreffenden Landes einnehmen.“[15]

Perfektes Töten allein ist noch kein Erfolgsgarant. Die Geschäfte des Söldnerbosses Barlow und seiner Firma Executive Outcomes – was so viel heißt wie „Befehl vollstreckt“ – gingen anfangs gar nicht gut. Erst ab Oktober 1992 setzte der Aufschwung ein. Es tauchte nach Angaben der Autoren ein gewisser Tony Buckingham auf, Chef der Ölfördergesellschaft Heritage Oil and Gas, der die Söldnertruppe für seine Interessen in Angola engagierte. In einer blutigen

Schlacht eroberten die bezahlten Krieger die Ölfelder von Soyo, die vorübergehend in die Hände der Rebellen gefallen waren. Die angolanische Regierung war so beeindruckt, dass sie der Truppe 1993 den ersten Großauftrag in der Höhe von 40 Millionen Dollar anbot. Bill Clinton, der in Angola lieber den rechtsgerichteten Jonas Savimbi im Interesse der amerikanischen Multis an der Macht gesehen hätte, hat dann im Dezember 1995 den Präsidenten José Edoardo dos Santos aufgefordert, den Vertrag mit Executive Outcomes zu lösen. Die Söldner traf dies nicht mehr besonders hart, denn sie waren schon tief in die Wirtschaftsstrukturen des Landes eingedrungen.[16)]

Die Beschaffung von entsprechendem Kriegsmaterial bereitete den Söldnertruppen keine größeren Probleme. Die politischen Umwälzungen in Europa führten zu einem Preisverfall. Als Waffenlieferanten für die Söldner dienen die ehemaligen Ostblockstaaten: „Kriegsgerät lässt sich nach dem Zusammenbruch des sowjetischen Imperiums recht preiswert und unbürokratisch in Osteuropa beschaffen. Nach geheimdienstlichen Informationen hat Executive Outcomes dort Waffen und Munition im Wert von 836.800 Dollar erworben. Aber auch daheim kauft Executive Outcomes ein. Hochfrequenztechnik bei Grinel, Nachtsichtgeräte bei Denel. So ist im Laufe der Jahre ein ansehnliches Waffenlager zusammengekommen: 82-mm-Granatwerfer, 17-mm-Maschinengewehre, dazu sieben Helikopter vom Typ M 17 und M 24, acht Flugzeuge und sogar zwei Mig-27-Düsenjäger. Ein Arsenal im Besitz eines vaterlandslosen Militärunternehmens, das für vaterlandslose Wirtschaftsunternehmen kämpft – die Hohepriester der Globalisierung dürfen Lobgesänge anstimmen.“[17)]

Executive Outcomes sah sich 1999 gezwungen, die Firma aufzulösen, ihr Treiben ging jedoch „in anderen Formationen weiter“. So berichtete der schweizerische „Tagesanzeiger“, dass „eine von Mark Thatcher – dem Sohn der Eisernen Lady – beratene Truppe unter dem Ex-EO- (Anmerkung: Executive Outcomes) Mitarbeiter Simon Mann versuchte, 2004 von Südafrika aus die korrupte Regierung in Äquatorialguinea zu stürzen: Doch die Regierung in Pretoria bekam Wind vom Vorhaben und ließ die Söldnertruppe beim Zwischenstopp in Zimbabwe auffliegen.“[18] Die zukünftigen Operationsgebiete der Söldnerheere haben eines gemeinsam: Bodenschätze, Bodenschätze, Bodenschätze ... Bevorzugt sind Sierra Leone, Uganda, Kenia, Tansania. Aber auch in Algerien, Ghana, an der Elfenbeinküste, in Nigeria, Sambia, Malawi, Namibia, Ruanda, Botswana usw. stieß man auf Barlows Aktivitäten.

Nigeria

International gesehen gilt Nigeria sogar als ein eher ruhiges und stabiles Land. Es wurde bis 1998 von einem Militärdiktator namens Sani Abacha beherrscht. Es gab zwar ein kurzes weltweites Aufheulen, als der Führer des Ogoni-Volkes Ken Saro-Wiwa am 10. November 1995 mit acht seiner Stammesangehörigen nach einem nachweislichen Scheinprozess gehängt wurde. Ken Saro-Wiwa war durch Hungerstreik und Gefängnisstrapazen so abgemagert, dass er 20 Minuten lebendig am Seil baumelte, weil sein Körpergewicht nicht ausreichte, ihn zu strangulieren. Die internationale Erregung hielt sich in bescheidenen Grenzen. Der Politmord geschah vor den Augen der Erdölgesellschaften, die das tatsächliche Sagen im Lande haben. Menschenrechtsaktivisten geben daher den Managern der Ölgesellschaften eine Mitschuld an den Politmorden.

Nigeria erreichte 1960 die Unabhängigkeit von Großbritannien. Es galt als das chancenreichste Land Afrikas. Nach sieben Militärdiktaturen ist der Staat durch das unaufgearbeitete Erbe der Kolonialzeit und durch die Korruption der Landeselite abgewirtschaftet.

Shell ist der Hauptförderer nigerianischen Öls. Nigeria erreichte 1960 die Unabhängigkeit von Großbritannien. Es galt als das chancenreichste Land Afrikas. Nach sieben Militärdiktaturen ist der Staat durch das unaufgearbeitete Erbe der Kolonialzeit und durch die Korruption der Landeselite abgewirtschaftet. Die Auslandsverschuldung betrug mehr als 37 Milliarden Dollar. Im Jahr 2005 gewährte der „Pariser Club“, bestehend aus 19 ständigen Mitgliedsstaaten, darunter die USA, Großbritannien, Frankreich, Deutschland, aber auch Österreich, einen weitreichenden Schuldenerlass. Die Restschulden konnte Nigeria aus seinen Öleinnahmen begleichen, darüber hinaus musste das Land sich zu Reformen im Kampf gegen Korruption und zu Privatisierungen, unter anderem im Energiesektor, verpflichten. Man kann wohl davon ausgehen, dass diese Reformvorhaben den multinationalen Konzernen im Zugriff auf die begehrten Rohstoffreserven nicht ganz unnütz sind.

Nigerias Haupteinnahmequelle ist Öl, die tägliche Ausbeute liegt bei zwei Millionen Barrel, das sind drei Prozent der Weltproduktion. Die Shell Petroleum Development Company of Nigeria (SPDC) ist Betriebsführer eines Konsortiums, bestehend aus der Nigerian National Petroleum Corporation (NNPC) mit 55 %, Shell (30 %), Elf (10 %) und Agip (5 %). Weitere Ölsucher im Lande sind Mobil, Chevron und Texaco.

Man kann wohl davon ausgehen, dass diese Reformvorhaben den multinationalen Konzernen im Zugriff auf die begehrten Rohstoffreserven nicht ganz unnütz sind.

Allein über die Umweltverbrechen im Lande ließen sich Bände schreiben. Offiziell wird zugegeben, dass im Zeitraum zwischen 1982 und 1992 1,6 Millionen Barrel Erdöl in Erdreich und Flüsse sickerten. Die Folgen waren sterbende Pflanzen, Tiere, Ölseen auf fruchtbarem Ackerland und Menschen mit Hautkrankheiten. Drei Viertel des im Nigerdelta entströmenden Gases wurden abgefackelt, nach Angaben von Shell täglich rund 56,6 Millionen Kubikmeter. Das Ergebnis ist, dass sich bei der Abfackelung Kohlenmonoxid und Kohlendioxid bilden, die sich bei Regen wieder ins Trinkwasser mischen; die Menschen trinken dann verdünnte Säure. Das Nigerdelta war früher ein Paradies. „Im feucht-tropischen Klima des dicht besiedelten Niger-Deltas gedeihen alle Arten von Früchten, die Flüsse wimmelten einst von Fischen, der größte Mangrovensumpf von Afrika war ein schier unerschöpfliches Jagdrevier für die Einheimischen. Die Idylle ist heute zerstört ... Gewaltige Gasfeuer verpesten die Luft und erhellen den Busch auch bei Nacht, Explosionen in uralten Anlagen vernichten Äcker und Wälder, Lecks in verrotteten Pipelines verseuchen den Boden, Raffinerien blasen ungefiltert Gifte in die Luft, Chemieabfälle werden ungeklärt in mittlerweile ölverseuchte Flüsse gekippt“, berichtet Detlef Pypke im „Spiegel“.[19]

Der einzige schwarzafrikanische Literaturnobelpreisträger Wole Soyinka ist Nigerianer. Er sah sich gezwungen, ins Londoner Exil zu gehen, kehrte jedoch 1998 wieder zeitweise nach Nigeria zurück. Auch er wurde unter fadenscheinigen Vorwänden in seinem Heimatland zum Tode verurteilt und lebte unter ständiger Angst vor einer heimtückischen Vollstreckung des Urteils im Ausland. Es ist zu befürchten, dass die internationalen Konzerne systematisch weitere „Nigerias“ anstreben, nach dem Grundsatz: Ein korruptes Militärregime, das man mästet, ist stark genug, um jeden Demokratisierungsversuch im Keime zu ersticken und erlaubt die ungestörte brutale Ausbeutung der Rohstoffe ohne jede Rücksicht auf die Umwelt. Diktaturen sind wesentlich leichter zu handhaben als ein demokratisches System, das darauf angewiesen ist, einen gewissen Sozialstandard aufrechtzuerhalten, und in dem sich durch die Mitsprache des Volkes die Gesetzeslage ändern kann.

Es ist zu befürchten, dass die internationalen Konzerne systematisch weitere „Nigerias“ anstreben, nach dem Grundsatz: Ein korruptes Militärregime, das man mästet, ist stark genug, um jeden Demokratisierungsversuch im Keime zu ersticken und erlaubt die ungestörte brutale Ausbeutung der Rohstoffe ohne jede Rücksicht auf die Umwelt.

Von der Demokratie ist der Ölstaat Nigeria weit entfernt. Die Reichen haben Lagos verlassen und sich ins Landesinnere in die neue Hauptstadt Abuja zurückgezogen. Dort ist die Vorderseite der Medaille zu erkennen: „Die nigerianischen Militärdiktatoren, deren Frauen es sich leisten können, zum Einkaufen übers Wochenende nach Europa zu fliegen, fühlten ihre Augen in Lagos offenbar fortwährend durch den Anblick der ums Überleben kämpfenden Massen beleidigt: Sie haben nach Schätzungen westlicher Geheimdienste rund 300 Milliarden Dollar auf europäischen Privatkonten deponiert, Lagos längst den Rücken gekehrt und sich in Abuja in der Landesmitte eine neue Hauptstadt ganz nach ihren Bedürfnissen erbauen lassen.“[20]

Es spricht unendlich viel für die Theorie: Der Kampf – wenn nicht gar Krieg – um Afrika befindet sich erst in seinem Anfangsstadium. Die sozialen

Probleme gleichen einer hochexplosiven Bombe. Darauf deuten nicht nur die Kämpfe um die Erdölgebiete südlich der Sahara, die Bürgerkriege in den zentralafrikanischen Staaten um die großen Seen, die Bürgerkriege in Sudan, Liberia, Burundi, Ruanda, Guinea, Sierra Leone, sondern im besonderen Maß die relativ nahe bei Europa gelegenen Staaten Ägypten und Algerien hin.

Algerien

Algerien ist lange Zeit vor dem „Arabischen Frühling" explodiert. Die Anzahl der Bürgerkriegstoten in den letzten Jahren nähert sich mit dramatischer Rasanz der Zahl 200.000, wenn sie nicht schon überschritten wurde.[21)] Wobei diese Toten nicht offenen Kämpfen zwischen rivalisierenden Gruppen, sondern vorwiegend bestialischen Meuchelmorden an der wehr- und schuldlosen Zivilbevölkerung zuzuschreiben sind. Aber auch in Algerien gibt es immer mehr internationale Kommentatoren, die den Erdöl- und Erdgasreichtum bzw. den potenziellen Zugriff auf diese Ressourcen als Hintergrund der Auseinandersetzungen orten. Es war bestimmt nicht die Liebe zum islamischen Fundamentalismus, die die Amerikaner veranlasste, „es sich nicht mit den algerischen Fundamentalisten zu verscherzen", wie es ein internationaler Beobachter diplomatisch vorsichtig ausdrückt (andere sprechen bereits von einer halboffenen Unterstützung), sondern die Tatsache, dass Frankreich die auf das Militär gestützte Regierung bevorzugt. Andererseits wendet man gegen die algerische Regierung ein, dass sie entweder gar nicht ganz unglücklich sei über manche Gräueltaten, um dadurch ihr eigenes Handeln zu legitimieren, oder sogar zu einem gewissen Anteil selbst dahinter stehe. Immerhin werden Todesurteile ohne Gerichtsverfahren vollstreckt, außerdem keimt immer größerer Zweifel daran auf, ob auch alle Gräueltaten den Fundamentalisten zugeschrieben werden können. Und nicht zuletzt hat die Regierung die Wahlen 1991, als ein Sieg der Islamischen Heilspartei (FIS) bevorstand, abgebrochen.

> **Der Kampf – wenn nicht gar Krieg – um Afrika befindet sich erst in seinem Anfangsstadium. Die sozialen Probleme gleichen einer hochexplosiven Bombe.**

Europa ist mit Algerien direkt über zwei Erdgasleitungen verbunden: eine nach Italien und eine über Marokko nach Spanien, die sogenannte Maghreb-Pipeline, deren Verlängerung nach Frankreich und Portugal führt. Diese Versorgungsstränge können sich zu einer lebenswichtigen Nabelschnur für den Kontinent entwickeln. Offensichtlich haben die algerischen Kontrahenten eines gemeinsam – den Gedanken an die Zeit nach dem Endsieg: „Immer wieder geben Algerier zu bedenken, dass im Gegensatz zur Zivilbevölkerung die über lange Wüstenkilometer nur unzureichend geschützten Erdöl- und Erdgas-Pipelines seit Beginn des Bürgerkrieges noch nie ernsthaft angegriffen worden seien. Doch welche Bürgerkriegspartei würde sich ernsthaft den Zugriff zu den Öl-Milliarden verbauen wollen?“[22]

Europa ist mit Algerien direkt über zwei Erdgasleitungen verbunden: eine nach Italien und eine über Marokko nach Spanien, die sogenannte Maghreb-Pipeline, deren Verlängerung nach Frankreich und Portugal führt. Diese Versorgungsstränge können sich zu einer lebenswichtigen Nabelschnur für den Kontinent entwickeln.

Unabhängig davon ist nach übereinstimmenden Berichten ein enorm hoher militärischer Aufwand Voraussetzung zur Absicherung der Pipelines. Allein die Maghreb-Pipeline mit einer Länge von 1105 Kilometern liefert 12 Milliarden Kubikmeter Erdgas pro Jahr nach Europa. An Rohöl fördert Algerien 78 Millionen Tonnen pro Jahr. Reich geworden ist das Land durch seine Bodenschätze bis heute nicht, es steht 2009 im Ausland mit circa 14 Milliarden Dollar in der Kreide.

Während die Ölstaaten südlich der Saharazone möglicherweise ein innerafrikanisches Problem bleiben können, werden Ägypten und Algerien für den Fall, dass ihre Schwierigkeiten nicht gelöst werden können, mit Sicherheit zu einem europäischen Problem.

Die Fackel des Elends hat das Pulverfass des islamischen Fundamentalismus im Jahre 2011 zur Explosion gebracht. Aus Zorn über massiv gestiegene Lebensmittelpreise breiteten sich ab dem 5. Januar 2011 Unruhen in Algerien aus. Eine der Hauptforderungen der protestierenden Opposition war die Aufhebung des seit 1992 geltenden Ausnahmezustandes in Algerien, der die Entwicklung demokratischer Strukturen im Land verhinderte.[23] Die Frustration ist vor allem bei der jungen Generation groß, „weil der Reichtum des Erdgasstaates bei ihnen nicht ankommt und das Regime Reformversprechen bisher nicht umsetzte."[24] Algerien gilt als der viertgrößte Gasproduzent der Welt.[25] „98 Prozent des Ausfuhrvolumens entfallen auf den Export von Öl und Gas. Dank steigender Ölpreise und der daran gekoppelten Preise für Gas verringerte Algerien in wenigen Jahren seine Auslandsverschuldung auf unter fünf Milliarden Dollar und häufte ganz nebenbei Devisenreserven von nahezu 100 Milliarden Dollar an", schrieb „Die Welt".[26]

Und trotzdem lebt ein Großteil der algerischen Bevölkerung in Armut. „Algerien ist ein reiches Land mit einem großen Armutsproblem", wird Henri Teissier, katholischer Erzbischof in Algier, zitiert. „Die Einnahmen aus dem Geschäft mit Öl und Gas kommen bei den Menschen nicht an."[27]

Während die Ölstaaten südlich der Saharazone möglicherweise ein innerafrikanisches Problem bleiben können, werden Ägypten und Algerien für den Fall, dass ihre Schwierigkeiten nicht gelöst werden können, mit Sicherheit zu einem europäischen Problem.

Ägypten

Ägypten ist ein Pulverfass, bei dem ohne Zweifel die Lunte brannte. Wie bedeutend der Suez-Kanal als Öltransportweg vom Persischen Golf nach Europa ist, wurde bereits im zweiten Kapitel beschrieben. Darüber hinaus verfügt Ägypten über Erdöl-Reserven, wenn auch nicht in dem großen Ausmaß wie die anderen Mitglieder der Arabischen Liga, der auch Ägypten angehört. Geopolitisch entscheidend sind jedoch der Suez-Kanal und die Suez-Mediterranean Pipeline (kurz „SUMED"), die quer durch Ägypten läuft, als wichtigster Transportweg für Öl aus dem Nahen Osten nach Europa und in die USA. Über diese beiden Wege werden täglich fünf Prozent der weltweiten Rohöl-Fördermenge transportiert.[28]

Präsident Nasser gelang es, den Suez-Kanal, der über Jahrzehnte unter britisch-französischer Kontrolle stand, zu verstaatlichen, was 1956 zu einem Angriff Großbritanniens, Frankreichs und Israels gegen Ägypten führte. Durch den massiven Druck vonseiten der USA und der UNO konnte der Abzug der feindlichen Truppen vom Suez-Kanal erzwungen werden. Nasser wurde als politischer Sieger und in der gesamten arabischen Welt als Held gefeiert.[29] Nasser, der den Panarabismus propagierte, wandte sich Moskau zu, das er vor allem gegen den Erzfeind Israel brauchte.[30] 1970 stirbt er an den Folgen eines Herzinfarkts. Sein Nachfolger, Anwar Sadat, orientierte sich schließlich Richtung Westen. Unter ihm anerkennt 1979 Ägypten als erster arabischer Staat offiziell Israel mit dem Abschluss des Camp-David-Friedensvertrags. In der Folge erhält Ägypten von den USA als Gegenleistung ein Hilfspaket in der Höhe von jährlich einer Milliarde US-Dollar.[31]

Nur zwei Jahre später wird Sadat von islamistischen Attentätern, die eine Anerkennung Israels ablehnten, bei einem gezielten Anschlag ermordet. 1981 kommt Muhammad Husni Mubarak als Präsident an die Macht. Korruption, Amtsmissbrauch, Armut beim größten Teil des 80-Millionen-Einwohner-Landes sowie hohe Arbeitslosigkeit vor allem bei den jungen Ägyptern sind Bestandteil seiner 30-jährigen Amtsperiode, in der jede Opposition unterdrückt wurde. Dies, obwohl jährlich 1,3 Milliarden Militärhilfe sowie eine Wirtschaftshilfe in Höhe von 700 Millionen Dollar von den USA an Ägypten fließen.[32] Hinzu kommen die Einnahmen aus dem Suez-Kanal: Die Einnahmen der staatlichen Gesellschaft Suez Canal Authority beliefen sich im Jahre 2010 auf 4,77 Milliarden Dollar für 21.000 Schiffe.[33]

Ein Reichtum, der jedoch nicht der Bevölkerung zugute kommt: Während ein Großteil der ägyptischen Bevölkerung von der Hand in den Mund lebt, haben Mubarak und seine Familie riesige Geldsummen angehäuft – die algerische Zeitung „Al Khabar" berichtete im April 2010, dass seine Familie an die 40 Milliarden Dollar besäße, andere Schätzungen gehen sogar bis zu 70 Milliarden US-Dollar.[34]

Für den Westen, vor allem für die USA und Israel, galt Mubarak als ein „unverzichtbarer Partner“: „Das Regime steht trotz der Armut großer Teile der Bevölkerung und allgegenwärtiger Korruption für Stabilität in einer unruhigen Region und für den Kampf gegen den Islam.“[35]

„Die großen Probleme des Niltals wie der Region heißen Verelendung, Arbeitslosigkeit, fehlende Aussichten für die Jugend, Umweltzerstörung“, schreibt der deutsche Journalist Rudolph Chimelli in der „Süddeutschen Zeitung“.[36] Diese Armut und Perspektivenlosigkeit waren auch Auslöser für den in weiten Teilen der arabischen Welt am 25. Jannuar 2011 ausgerufenen „Tag des Zorns“, der auch in Ägypten der Beginn anhaltender Bürgerproteste auf dem Tahrir-Platz in Kairo war. Nach anhaltenden Massenprotesten erklärte Mubarak schließlich am 11. Februar 2011 seinen Rücktritt. „Dass der Nil von Süden nach Norden fließt, ist für die Ägypter in ihrem Jubel über den Sturz Mubaraks nahezu die einzige Sicherheit“.[37]

Auch Obama verneigte sich als Präsident rasch vor den Öl-Despoten aus Saudi-Arabien. Auch er beließ den Autokraten in Tunesien, Jordanien oder eben Ägypten ihre Gefängniskammern und Auslandskonten, alles im Sinne der Stabilität in der Region.

US-Präsident Obama reagierte bis zuletzt zurückhaltend im Wunschdenken, Mubarak als engster Verbündeter der US-Politik im Nahen Osten könnte sich noch halten. Selbst als der Rücktritt Mubaraks unausweichlich wurde, forderte die US-Führung einen „geordneten Übergang“ und keinen sofortigen Abtritt aus Angst vor einer Machtübernahme durch Islamisten.

Und wieder einmal in der Geschichte ist Öl der Antriebsfaktor der Mächtigen: „Auch Obama verneigte sich als Präsident rasch vor den Öl-Despoten aus Saudi-Arabien. Auch er beließ den Autokraten in Tunesien, Jordanien oder eben Ägypten ihre Gefängniskammern und Auslandskonten, alles im Sinne der Stabilität in der Region“, hieß es dazu im „Spiegel“. Mubarak war für die US-Regierung über Jahrzehnte ein Garant dafür, „dass das Tanker-Nadelöhr Suezkanal offen bleibt“.[38]

Im Herbst sind die ersten freien Wahlen in Ägypten angesetzt, bereits fünf Monate nach der Revolution stehen 80 Parteien in den Startlöchern zur Kandidatur.[39] Bis dahin übt die ägyptische Armee die Regierungsgeschäfte aus, die mit ihrer restriktiven Vorgehensweise gegenüber der Bevölkerung für eine Prolongation des Konflikts sorgt. Viele Demokratiebewegte fühlen sich um „ihren Sieg“ über das Mubarak-Regime betrogen.

Libyen

Als Ausnahme galt lange Zeit das viel geschmähte Libyen. Es ist jenes afrikanische Land, das einerseits durch eine geschickte Verstaatlichungspolitik der Öl- und Gasressourcen und andererseits durch die ebenso geschickte Kooperation mit möglichst vielen verschiedenen multinationalen Konzernen noch am ehesten dieser Elendsspirale entkommen ist. Man kann davon ausgehen, dass Länder, die nicht bereit sind, sich bedingungslos den internationalen Rohstoffinteressenten zu unterwerfen, ständigen Desinformationskampagnen ausgesetzt sind. Ein Beispiel: Udo Ulfkotte enthüllt, dass Libyen auch für terroristische Anschläge in die Geiselhaft genommen wird, für die längst andere Täter identifiziert sind. Wie sehr Ölinteressen und tagespolitische Manipulationen ineinander verstrickt sind, zeigt Udo Ulfkotte anhand der Lockerbie-Affäre auf, bei der ein vollbesetztes Zivilflugzeug in der Luft über der schottischen Ortschaft Lockerbie gesprengt wurde und für die die UNO seit Jahren ein Flugverbot für Libyen verhängt hat: „Immer wieder haben Geheimdienste ihr Versagen zu kaschieren versucht, so auch im Falle des Lockerbie-Anschlages. Seit dem 8. Dezember 1988 lagen Geheimdiensten konkrete Hinweise auf den Anschlag vor. In London am 12. Dezember eingegangene Hinweise auf den bevorstehenden Anschlag wurden erst am 23. Dezember weitergeleitet – zwei Tage nach dem Attentat. Aus der Desinformationsperspektive interessant ist aber der Schlingerkurs gegenüber

Es ist jenes afrikanische Land, das einerseits durch eine geschickte Verstaatlichungspolitik der Öl- und Gasressourcen und andererseits durch die ebenso geschickte Kooperation mit möglichst vielen verschiedenen multinationalen Konzernen noch am ehesten dieser Elendsspirale entkommen ist.

den Verdächtigen: CIA-Terrorbeauftragter Cannistraro teilte 1989 mit, aus der Sicht der Geheimdienste sei der Fall Lockerbie gelöst. Iran und Syrien seien die Urheber. Als Saddam Hussein dann im August 1990 Kuwait überfiel, brauchte man Syrien aufseiten der Golfkriegsallianz und hoffte zudem, dass Iran im Kriegsverlauf neutral bleiben werde. Seither bezichtigte man Libyen, der Urheber des Anschlages gewesen zu sein."[40] Es ist also nicht einmal auszuschließen, dass man die Bombe an Bord sogar stillschweigend geduldet hatte, um daraus politisches Kapital zu schlagen. Internationale Sanktionen gegen Libyen waren die Folge. 1999 kaufte Libyen sich von den Sanktionen frei, indem es die Opfer der Anschläge durch Zahlungen in Millionenhöhe entschädigte.

Nach den Terroranschlägen vom 11. September 2001 kooperierte Gaddafi mit westlichen Geheimdiensten und beteiligte sich am Kampf gegen den Terror. Durch die Absage an Massenvernichtungswaffen im Jahre 2003 gelang es Gaddafi, dass die Internationale Gemeinschaft die Sanktionen gegen Libyen aufhob. Libyen war wieder „salonfähig". Ein förmlicher Wettlauf zwischen US- und europäischen Spitzenpolitikern um die Gunst des „tollwütigen Hundes des Nahen Ostens" – wie einst Ronald Reagan Gaddafi nannte – war die Folge. In Rom über Brüssel bis nach New York und Moskau – überall durfte Gaddafi sein Beduinenzelt aufschlagen und empfing dort Staats- und Regierungschefs. „Als Wirtschaftspartner war Gaddafi aufgrund der reichen Erdöl- und Erdgasvorkommen schon immer sehr attraktiv, jetzt durfte man wieder ganz offiziell mit ihm Geschäfte machen", schrieb der „Spiegel"-Journalist Lutz Jäkel.[41] Und die Geschäfte waren verlockend, denn Libyen verfügt mit 46,6 Milliarden Barrel über die größten Ölreserven Afrikas. Das libysche Öl ist von besonders guter Qualität, da es schwefelarm ist, und die Lagerstätten liegen noch dazu geografisch nahe an den Absatzmärkten – die Chance, sich von der russischen Abhängigkeit zu befreien, nicht zu vergessen.

Als im August 2004 die staatliche Libyan National Oil Company (LNOC) 15 neue Explorationsfelder versteigerte, war das Interesse der internationalen

Firmen riesig.[42] Vor allem US-Firmen kamen zum Zug und ergatterten Explorationsrechte. Gaddafi verstand es, die internationalen Firmen an die libysche Industrie zu binden: So darf ein ausländisches Unternehmen ohne libysches Partnerunternehmen nicht operieren. Libyen „wird heute von europäischen Konzernen umworben wie eine junge Braut“, „selbst Knebelverträge halten sie nicht ab“, schrieb „Die Zeit“.[43] So zahlte BP beispielsweise knapp 250 Millionen Euro allein an Provision, um ins Geschäft zu kommen und muss fast 80 Prozent seiner künftigen Produktionserlöse an die staatliche libysche Ölgesellschaft LNOC abtreten. Doch wenn das Öl fließt, „winken den Konzernen trotz alledem gute Geschäfte“.[44]

Libyen wird heute von europäischen Konzerne umworben wie eine junge Braut, selbst Knebelverträge halten sie nicht ab.

2009 plante Gaddafi schließlich, nachdem der Ölpreis aufgrund der globalen Finanzkrise im Januar um zwei Drittel gegenüber Juli 2008 gesunken war, die Einrichtungen internationaler Ölkonzerne wieder zu verstaatlichen, sollte der Preis nicht wieder steigen.[45]

Bereits Ende 2008 kündigte Gaddafi vor dem Volkskongress diesbezüglich Reformen in seinem Land an. So „solle die Bevölkerung stärker an den Öl-Einnahmen des Landes beteiligt werden ... jeder Familie in Libyen (solle) ein kleiner Teil der Einnahmen der staatlichen Ölgesellschaft zukommen“. Die Ministerien bis auf die Ressorts Äußeres, Verteidigung und Sicherheit sollten abgeschafft werden. „Ihr werft den Ministerien immer Korruption und Misswirtschaft vor“, meinte Gaddafi. Da diese Beschwerden niemals ein Ende nehmen würden, solle jeder Bürger seinen Anteil an den Öleinnahmen erhalten und selbst zurechtkommen.[46] In einer Ansprache, die im staatlichen Fernsehen gesendet wurde, sagte Gaddafi: „Die Regierung ist erfolglos und die staatliche Wirtschaft ist gescheitert. Genug ist genug. Die Lösung

Die Ankündigung Gaddafis, die libysche Ölförderung zu verstaatlichen, dürfte jedenfalls die in Libyen tätigen multinationalen Konzerne und deren Regierungen wenig erfreut haben.

für das libysche Volk lautet, dass es direkt an den Öleinnahmen beteiligt wird und darüber entscheidet, was damit geschehen soll."[47] Die Ankündigung Gaddafis, die libysche Ölförderung zu verstaatlichen, dürfte jedenfalls die in Libyen tätigen multinationalen Konzerne und deren Regierungen wenig erfreut haben.

Gaddafi ist es in seiner 41-jährigen Amtsperiode gelungen, dass Libyen, gemessen am Pro-Kopf-Einkommen, zum reichsten Land Afrikas wurde. Der libysche Staat gewährte den Arbeitenden hohe Löhne, schaffte die Mieten ab, verteilte Land an die Beduinen, sorgte für eine kostenlose medizinische Versorgung und bildete Männer und Frauen aus. „Ein Volk von Frührentnern schaute zu, was die neue Führung sich an Geschenken so einfallen ließ", schrieb „Der Spiegel" bereits 1986.[48] Bis heute gilt Libyen nach UN-Kriterien als hoch entwickeltes Land, was natürlich nichts über Rechtsstaatlichkeit oder die Freiheiten der Bürger aussagt, wie der deutsche Friedensforscher Reinhard Mutz anmerkt.[49]

Das wahre Ziel der NATO ist dabei längst offensichtlich geworden: Nicht der Schutz der Zivilbevölkerung steht im Vordergrund, sondern der Sturz Gaddafis.

Wie aus dem Nichts tauchten auch in Libyen ab Februar 2011 zuerst friedliche Demonstrationen auf, die nach den Unruhen in Algerien, Tunesien und Ägypten eskalierten. Der Konflikt spaltete die politischen Kräfte in Libyen und führte zu einer militärischen Auseinandersetzung zwischen der Gaddafi-Armee und den Rebellen, wobei Gaddafi angeblich mit Luftangriffen gegen friedliche Demonstranten vorgegangen sei. „Was daran stimmt, ist bis heute unklar", schrieb Reinhard Mutz im Berliner „Tagesspiegel." „Das UN-Generalsekretariat in New York, das Pentagon in Washington, sogar die westlichen Botschaften vor Ort in Tripolis sahen sich außerstande, die Schreckensmeldungen zu bestätigen."[50] Während die USA sich bei Ägypten abwartend zurückhielten, reagierten sie in Libyen weniger zögerlich: Mit dem Beschluss der UNO-Resolution 1973 zum Schutz von Zivilpersonen begannen die USA, Frankreich und Großbritannien am

19. März 2011, Libyen von der Luft aus anzugreifen. Seitdem führt die NATO Krieg gegen Libyen. Das wahre Ziel der NATO ist dabei längst offensichtlich geworden: Nicht der Schutz der Zivilbevölkerung steht im Vordergrund, sondern der Sturz Gaddafis. Wer die Rebellen sind, die von der NATO unterstützt werden, dürfte dabei zweitrangig sein. US-Außenministerin Hillary Clinton selbst räumte bei einer Konferenz zum Thema Libyen im März 2011 in London ein, dass die USA bislang noch nicht so viel über den libyschen Übergangsrat wissen, als sie gerne würden.[51] Die neue Strategie der USA und ihrer Verbündeten beschreibt die Hamburger Wochenzeitung „Die Zeit" folgendermaßen: „Anstatt sich wie in Somalia, Afghanistan oder im Irak mit dem Einsatz von Bodentruppen auf das Risiko eines langwierigen und verlustreichen Krieges einzulassen, setzt der Westen in Nordafrika auf die Überlegenheit seiner Luftwaffe und unterstützt mit Geheimagenten, Spezialeinheiten, Militärberatern und Waffenlieferungen die Streitkräfte der verbündeten Konfliktpartei vor Ort."[52]

Dabei liegt der Verdacht nahe, dass unter dem Deckmantel der „humanitären Intervention" – wie der NATO-Krieg genannt wird – in Wahrheit die Begierde auf Libyens gigantische Erdölressourcen steckt und der Westen eine Neuverteilung dieser anstrebt.

Dabei liegt der Verdacht nahe, dass unter dem Deckmantel der „humanitären Intervention" – wie der NATO-Krieg genannt wird – in Wahrheit die Begierde auf Libyens gigantische Erdölressourcen steckt und der Westen eine Neuverteilung dieser anstrebt. Anders wäre das harte Durchgreifen der NATO wohl nur schwer nachvollziehbar. Es ist jedenfalls davon auszugehen, dass Libyen nicht zur Ruhe kommen wird, bis der Westen den Zugriff auf die Rohstoffreserven für sich neu geregelt hat. Interessant an der Auseinandersetzung um Libyen ist auch, dass Frankreich sich diesmal auf die Seite der angloamerikanischen Interessen stellt und damit die Erdölinteressen u. a. von Italien, Österreich und Deutschland trifft.

1) Udo Ulfkotte, Verschlusssache BND, Koehler & Amelang, München-Berlin 1997, S. 62
2) ebd., S. 66
3) ebd., S. 67
4) Focus, Nr. 22/1997
5) Kongos mörderisches Muster, Die Süddeutsche Zeitung, 13.10.2008
6) Die Welt, 20.10.1997
7) ebd.
8) ebd.
9) Die Presse, 20.10.1997
10) ebd.
11) Angola - Die Revolution ist beerdigt, Der Spiegel, 15.6.2009
12) Die Presse, 4.11.1997
13) Die Zeit, 17.1.1977
14) ebd.
15) ebd.
16) ebd.
17) ebd.
18) Trainierte Killer sind in Afrika billig zu haben, Tagesanzeiger, 11.3.2011
19) Der Spiegel, Nr. 41/1995
20) Frankfurter Allgemeine Zeitung, 14.11.1996
21) Vergessene Kriege - Trailer-Reihe zur Themen-Woche Nie wieder Krieg?, 3Sat, August 2009
22) Die Presse, 26.11.1997
23) Algerien hebt Ausnahmezustand nach 19 Jahren auf, ARD-Tagesschau, 24.2.2011
24) Ralph Schulze, 170 Verletzte in Algerien, Protest gegen Militärregime, Badische Zeitung, 14.4.2011
25) Ralf Bonsels, Nordafrikas Ressourcen - Öl, Gas und Tourismus, 3Sat, 16.2.2011
26) Karin Finkenzeller, Armes Land mit reichen Gasfeldern, Die Welt, 10.6.2007
27) ebd.
28) Martina Wewetzer, Angst um Blockade des Suez-Kanals - Wird das Öl nun noch teurer?, Hessische/Niedersächsische Allgemeine Zeitung online, 4.2.2011
29) Country profile, Aljazeera Egypt, 7.5.2005
30) Uwe Klussmann, Karawane der Menschheit, Der Spiegel - Geschichte, Nr. 2/2011
31) Country profile, Aljazeera Egypt, 7.5.2005
32) Thomas Avenarius, Milliarden für den Autokraten, Die Süddeutsche Zeitung, 26.1.2011
33) Wewetzer, 4.2.2011
34) Daniel Baumann, Der Schatz der Mubaraks, Frankfurter Rundschau, 13.2.2011
35) Thomas Avenarius, Milliarden für den Autokraten, Die Süddeutsche Zeitung, 26.1.2011
36) Rudolph Chimelli, Arabien ohne Schleier, Die Süddeutsche Zeitung, 12./13.2.2011
37) Rudolph Chimelli, Wer Demokratie predigt ..., Die Süddeutsche Zeitung, 12.2.2011
38) Gregor Peter Schmitz, Machtwechsel in Ägypten - Mr. Change hat Angst vor dem Umsturz, Spiegel-online, 2.2.2011
39) Egypt parties rush to register, Al Jazeera, 23.6.2011
40) Ulfkotte, S. 62
41) Lutz Jäkel, Bruder Führer, Der Spiegel - Geschichte, Nr. 3/2011
42) Jean-Pierre Sereni, Am Anfang war der Rote Scheich - Eine kleine Geschichte des libyschen Öls, Le Monde Diplomatique, Internationale Beilage der Tageszeitung, April 2011
43) Jochen Stahnke, Alle wollen Libyens Öl, Die Zeit online, 6.5.2009
44) ebd.
45) Sue Pleming, Gaddafi says looking at oil firm nationalization, Reuters online, 21.1.2009
46) Gaddafi: Bevölkerung an Öl-Einnahmen beteiligen, Der Tagesspiegel, 1.9.2008
47) Lisa Karpova, Reason for war? Gaddafi wanted to nationalise oil, Pravda online, 25.3.2011,
48) Ich bin ein Führer, habe aber kein Volk, Der Spiegel online, 23.6.1986
49) Reinhard Mutz, ... Und täglich tötet die NATO, Der Tagesspiegel, 4.6.2011
50) ebd.
51) Julian Borger und Chris McGreal, US and Britain may arm Libya rebels if Gaddafi clings to power, The Guardian online, 29.3.2011
52) Thomas Speckmann, Mit gebremster Macht, Die Zeit online, 14.5.2011

04

Krisenherd Golf

Lug und Trug auf Schritt und Tritt

Der Iran hatte nach der Verstaatlichung seiner Erdölreserven seine größten politischen Umwälzungen erst vor sich. Schnell stellten sich die Zeichen auf Sturm. Schah Reza Pahlewi hatte mit den gewonnenen Erdölmillionen ein Modernisierungsprogramm in Gang gesetzt, das nicht nur die islamischen Mullahs gegen ihn aufbrachte, sondern auch die Bevölkerung seines Landes überforderte. Er schaffte weder eine breite Demokratisierung noch soziale Entwicklung. Die Landbevölkerung strömte in die Städte, die Inflation galoppierte, die öffentliche Infrastruktur brach zusammen, die Korruption blühte und die Unzufriedenheit in der Bevölkerung wuchs. Diese spannungsgeladene Situation nutzten religiöse Fundamentalisten für eine Restauration des Islam. Ihre Galionsfigur war der mittlerweile 60-jährige Ayatollah Khomeini, der von seinem Pariser Exil aus gegen den Schah und seine Familie agitierte.

Die Differenzen des Kaisers mit den islamischen Würdenträgern stammten schon aus der Zeit der Regentschaft des Vaters Reza Pahlewis. Während der „Weißen Revolution", wie der Schah sein Reformprogramm nannte, verschärfte sich der Konflikt zunehmend. Als die Regierung den Großgrundbesitz enteignete, waren auch zahlreiche Besitztümer der schiitischen Geistlichkeit betroffen. Die Auseinandersetzungen hatten also auch durchaus weltliche Motive.

Der Schah fühlte sich sicher auf seinem Thron, vor allem unter dem Schutzschild der USA. Doch es kam anders. Die Mullahs warteten auf ihre Stunde, um den auch international wegen seiner Menschenrechtsverletzungen kritisierten Schah zu stürzen. Auslöser des Umsturzes 1978 war ein Zeitungsartikel, in dem Khomeini der Lächerlichkeit preisgegeben wurde. In seiner Heimatstadt Khomein löste dieser Text stürmische Proteste aus, die von Regierungstruppen blutig niedergeschlagen wurden. Den schiitischen Regeln entsprechend hielten die Angehörigen der Protestierenden eine 40-tägige Trauerzeit ein, um dann erneut zu protestieren, erneut niedergeschlagen zu werden, erneut zu trauern. Diese Unruhen weiteten sich aus. Demonstranten brachten die Erdölförderung des Landes nahezu zum Erliegen. Vor Beginn der Unruhen förderte der Iran 5,4 Millionen Barrel täglich, 4,5 Millionen davon wurden exportiert. Damit war der Iran der zweitgrößte Erdölexporteur nach Saudi-Arabien. Doch im Zuge der Demonstrationen sank die Produktion auf unter eine Million Barrel pro Tag. Der Schah sah keine andere Möglichkeit, die Unruhen zu beenden, als eine Militärregierung einzusetzen. Im Dezember 1978 wurden die ausländischen Öltechniker und ihre Familien evakuiert. Am 25. Dezember war die Erdölförderung gänzlich zum Erliegen gekommen.

So katapultierte sich der Preis von 13 auf 34 Dollar pro Barrel, der zweite Erdölschock erschütterte die Welt.

Am 16. Januar 1979 verließ der – offensichtlich bereits schwer krebskranke – Schah mit seiner Familie das Land. Am 1. Februar kehrte Khomeini im Triumphzug nach Teheran zurück. Doch auch mit dem neuen Regime kam der Iran nicht zur Ruhe. Um die Ausfälle der iranischen Erdölproduktion auszugleichen, erhöhten die arabischen Staaten ihre Förderquote. Trotz aller Bemühungen klaffte in der kritischen Zeit, Oktober bis Dezember 1979, eine Lücke von zwei Millionen Barrel täglich.[1] Am weltweiten Verbrauch gemessen, betrug das Defizit aber nicht mehr als vier bis fünf Prozent – und löste trotzdem eine neuerliche Ölkrise aus. Der Grund dafür lag in der Panik, die die Märkte erfasste. Hamsterkäufe verschärften die Verknappung, die bei gleichbleibendem Bedarf mehr oder weniger problemlos tolerierbar gewesen wäre. Die stürmische Nachfrage der Ölgesellschaften und privater Konsumenten führte zu einem künstlich hochgetriebenen Bedarf, der den tatsächlichen Verbrauch um mehr als drei Millionen Barrel täglich überstieg. So katapultierte sich der Preis von 13 auf 34 Dollar pro Barrel, der zweite Erdölschock erschütterte die Welt. Da auch die Mullahs Geld für ihr Regime benötigten, wurde die Erdölproduktion im Iran schon im März 1979 wieder in Betrieb genommen. Die Fördermengen blieben zwar hinter jenen des Vorjahres zurück, aber die Märkte entspannten sich spürbar.

Der Ölpreis hatte im Zuge dieser Unruhen wieder einmal einen Höhepunkt erreicht. Er lag 1980 mit 32 Dollar pro Barrel dreimal höher als vor dem Sturz des Schahs.

Doch die Ruhe war kurz und trügerisch. Am 4. November 1979 besetzten islamische Revolutionäre die US-amerikanische Botschaft in Teheran und nahmen die Botschaftsangehörigen als Geiseln. 444 Tage lang sollte sich das Geiseldrama hinschleppen und (nach einer schlecht geplanten und daher gescheiterten Befreiungsaktion) erst mit der Vereidigung des neuen US-Präsidenten Ronald Reagan ein Ende finden. Im November 1979 stürmten muslimische Fundamentalisten die Große Moschee von Mekka. Sie wollten die Revolution ins westlich orientierte, den Amerikanern freundlich gesinnte Saudi-Arabien tragen. Ein Versuch, der von den Saudis blutig niedergeschlagen wurde. Im Dezember 1979 marschierten sowjetische Truppen in Afghanistan ein. Für die Vereinigten Staaten war 1979 ein glückloses Jahr, in dem sie große Bereiche ihrer Einflusssphäre preisgeben mussten. Der Ölpreis hatte im Zuge dieser Unruhen wieder einmal einen Höhepunkt erreicht. Er lag 1980 mit 32 Dollar pro Barrel dreimal höher als vor dem Sturz des Schahs.

Kriegsherd Irak

Am 22. Dezember 1980 waren wieder einmal alle OPEC-Delegierten in Wien versammelt. Man wollte das 20-jährige Jubiläum der Organisation feiern. Wie schon 1973 wurde auch diese Feierlichkeit von einem Bombenhagel gestört. Diesmal war es der Irak, der seine Kampfflugzeuge gegen den Iran losschickte. Erneut erschütterte ein Krieg die Golfregion. In einem Zeitraum von 13 Jahren war die Ölversorgung der Industriestaaten zum vierten Mal massiv gefährdet. Dieser Krieg hatte viele Ursachen nicht nur ethnischer und religiöser Art, sondern wurde nachweislich auch vom Westen geschürt. Vor allem Saddam Hussein, „ein Freund des Westens", war sowohl von den Sowjets als auch von den Franzosen und Amerikanern hochgerüstet worden, um dem Mullah-Regime als Gegengewicht am Golf gegenüberzustehen. Die unmittelbare Ursache aber war recht materialistisch: Es ging um die Vormachtstellung am Persischen Golf. Zu Beginn des Jahrhunderts hatte das Territorium des heutigen Irak zum Osmanischen Reich gehört. Als sich dieses 1914 an die Seite des Deutschen Reiches stellte, griff Großbritannien ein, eroberte Bagdad 1917 und drang bis Mosul vor. Resultat dieses Vorgehens war ein semikolonialer Zustand, der 1922 in ein System der Selbstverwaltung unter einem Völkerbund-Mandat mündete. Feisal ibn Hussein wurde König des Irak. Bei der Schaffung einer Verfassung und einer Nationalarmee erhielt er tatkräftige Unterstützung britischer Berater. 1927 stieß die Iraq Petroleum Company (unter Beteiligung der amerikanischen Standard Oil of New Jersey und der Socony-Vacuum) auf enorme Erdölfelder im Gebiet von Kirkuk. Sie sollten in Zukunft auch die Quelle der irakischen Staatsfinanzen sein.

In einem Zeitraum von 13 Jahren war die Ölversorgung der Industriestaaten zum vierten Mal massiv gefährdet.

Die folgenden Jahre waren gekennzeichnet von einer Aneinanderreihung politischer Umstürze. Das änderte sich, als im Jahre 1969 Saddam Hussein die politische Bühne betrat. Im November 1969 wurde er zum stellvertretenden Vorsitzenden des Revolutionsrates bestellt, der die Kontrolle über die Parteiführung der Baath, die Armeeführung und die Geheimdienste innehatte. Als

Präsident Hassan al-Bakr zu Beginn der Siebzigerjahre erkrankte, übernahm Saddam Hussein zunehmend die Regierungsgeschäfte. 1979 musste Bakr endgültig zurücktreten, die Stunde Saddam Husseins war gekommen. Er ernannte sich selbst zum Präsidenten, Ministerpräsidenten, Vorsitzenden des Revolutionsrates und Generalsekretär der Baath-Partei. Noch im gleichen Jahr wurden 21 führende Offiziere und Funktionäre einschließlich 7 Mitgliedern des Revolutionsrates hingerichtet.[2)]

Saddam Hussein galt von Beginn an als grausamer und brutaler Zentralist, der willkürlich Todesurteile verhängte und jede Opposition im Keim erstickte – eine Vorgangsweise, die unter Iraks Regierungen Tradition hatte. Ein umfassendes Rüstungsprogramm wurde in Gang gesetzt. Das Arsenal stammte aus westlichen Rüstungsfabriken, allen voran Frankreich und den USA, sowie aus der Sowjetunion. Mit der UdSSR war der Irak seit 1972 durch einen Freundschaftsvertrag eng verbunden. Dies hinderte den Irak aber nicht daran, dem großen Bruder im Norden in vielen Fragen kritisch gegenüberzustehen, etwa beim Einmarsch in Afghanistan und dort, wo arabische Interessen in Afrika betroffen waren. Das Geld für die gigantischen Waffenkäufe stammte aus den Ölquellen des Landes. Die irakische Regierung hatte rechtzeitig vorgesorgt und schon unter Präsident Bakr im Jahre 1972 die Iraq Petroleum Company verstaatlicht. Die Tatsache, dass der Staat die Gewinne aus den Einnahmen selbst lukrierte, verbesserte den Staatshaushalt des Irak enorm. Von 1973 bis 1979 versechsfachte sich der Wert der in den Irak importierten Waren.[3)]

Im Gegensatz zu den meisten seiner arabischen Nachbarstaaten bemühte sich der Irak auch um eine Anhebung des Lebensstandards seiner Bevölkerung. Saddam Hussein war sogar so etwas wie ein Sozialrevolutionär. Auf der einen Seite erwarb er sich international anerkannte Verdienste um die Gleichberechtigung der Frau, im Kampf um die Alphabetisierung der Bevölkerung und bei der Hebung des Lebensstandards. Auf der anderen Seite setzte er seinen Macht- und Führungsanspruch mit skrupelloser Brutalität durch, wurde ohne geeignete Ausbildung höchster Militärführer und beseitigte Rivalen durch gesteuerte Todesurteile.[4] Doch die wirtschaftliche Ausgangsbasis war gut: „Der Irak vom Ende der siebziger Jahre war ein kraftstrotzendes Land, das die wirtschaftliche Erfolgsleiter hinaufstürmte ... Aus dem Armenhaus der Osmanen war ein wohlhabendes Land geworden, aus dem der Hunger (abgesehen von den Siedlungsgebieten der Kurden) verbannt war."[5] Die Versorgung der Bevölkerung war durch den Ölreichtum weitestgehend garantiert. Die Öl-Einnahmen stiegen von 521 Millionen US-Dollar 1970 auf rund 26 Milliarden Dollar 1980 an. 1990 betrugen die Ölvorräte etwa 100 Milliarden Barrel und bildeten damit eine Reserve auf fast 100 Jahre. Der Irak gehörte damit zu den ölreichsten, aber auch sozial intaktesten Staaten am Golf.[6]

1990 betrugen die Ölvorräte etwa 100 Milliarden Barrel und bildeten damit eine Reserve auf fast 100 Jahre. Der Irak gehörte damit zu den ölreichsten, aber auch sozial intaktesten Staaten am Golf.

Der erste Golfkrieg

Das größte Handicap des Irak war jedoch der schwierige Zugang zum Meer. Der Schatt el Arab, wo Euphrat und Tigris zusammenfließen, wurde sowohl vom Iran als auch vom Irak beansprucht. Die beiden irakischen Ölterminals in Mina al-Bakr und Hor al-Amaya, die mehr als 20 Kilometer nach Einmündung des Schatt el Arab im Meer liegen, befanden sich direkt im Zielgebiet iranischer Kanonen. Der Marinestützpunkt Umm Qasr wiederum lag in unmittelbarer Nähe zu Kuwait. Kurz, der Ölexport war an der Meerenge ständig bedroht. Diesen Engpass versuchte man in den Siebziger- und Achtzigerjahren durch den Bau von Pipelines über die Türkei und Saudi-Arabien zu überwinden, aber auch diese Staaten waren keine sicheren Partner. Die Türkei drang bei der Verfolgung der Kurden immer wieder auf irakisches Gebiet vor und lag auch wegen großer Staudammprojekte mit dem Irak im Dauerstreit. Daher war der Irak seit Jahrzehnten bemüht, dem Würgegriff seiner Anrainerstaaten zu entkommen. Bei der Wahl der Mittel war Saddam Hussein allerdings nicht zimperlich. Neben dem Anspruch, Anführer aller Araber zu werden, sah er den freien Meerzugang für sein Land als eines seiner Lebensziele. Einen ersten groß angelegten Versuch, der ihn beiden Zielen näherbringen sollte, startete Saddam Hussein am 17. September 1980, als er den Vertrag von Algier einseitig aufkündigte. In diesem Vertrag hatten sich der Irak und der Iran unter Regie der USA 1975 über eine Grenzregelung am Schatt el Arab geeinigt. Dem Irak, der eigentlich den ganzen Fluss für sich in Anspruch genommen hatte, war darin das Talwegprinzip (Grenzziehung inmitten des Flusses) aufgezwungen worden. Als Gegenleistung hatte der Iran die Unterstützung der Kurden im Norden des Irak eingestellt. Für die Kurden war der Vertrag von Algier eine Tragödie. Im Winter 1974/75 starben Tausende in bewaffneten Auseinandersetzungen mit dem irakischen Militär, Zehntausende wurden aus den irakischen Bergen in die Wüste deportiert, die Zahl der Hingerichteten wurde auf Zehntausend geschätzt.[7)]

Doch nach der Flucht Schah Reza Pahlewis im Januar 1979 und der Machtübernahme Ayatollah Khomeinis im Februar 1979 verschlechterten sich die Beziehungen zwischen Teheran und Bagdad zusehends. Der Irak forderte den Iran auf, die drei besetzten Inseln vor Bahrain entsprechend dem Vertrag von Algier zu räumen.[8)] Grenzscharmützel häuften sich. Am 17. September 1980 kündigte Saddam Hussein den Vertrag von Algier offiziell auf (nachdem er auch vom Iran de facto nicht umgesetzt worden war) und beanspruchte die gesamte Wasserstraße für den Irak. Am 22. September bombardierte die irakische Luftwaffe Teheran, die Invasionsarmee besetzte die iranische Stadt Khoramschar. Damit hatte ein Krieg begonnen, der acht Jahre lang unzählige Tote auf beiden Seiten fordern und doch zu keiner Lösung führen sollte. Der Iran war auf einen solchen militärischen Schlag nicht vorbereitet gewesen und konnte den irakischen Angriff erst gegen Jahresende stoppen. Im Mai 1981 drängte die iranische Armee die Irakis zurück, besetzte das Hinterland des Frontabschnittes und sogar ein Territorium im Zentralirak. Mitte 1984 setzte der Irak Raketen gegen Erdöltanker des Iran ein. Dieser „Tankerkrieg" betraf bald auch Öllieferungen Kuwaits und Saudi-Arabiens. 1985 folgte die Etappe des „Städtekriegs". Angriffe auf Bagdad und Teheran forderten unzählige zivile Opfer, die Halbinsel Fao und die Hafenstadt Basra waren Ziele verlustreicher Offensiven. 1987 eskalierten die Kämpfe zum internationalen Konflikt, als

Kuwait die USA um Schutz für seine Tankerflotte ersuchte und diese dem Ersuchen wohl auch im eigenen Interesse nachkamen. Bald kreuzten amerikanische Kriegsschiffe im Arabischen Golf. Am 17. Mai 1987 griff die irakische Luftwaffe erstmals ein US-Schiff an, die USS Stark. 37 amerikanische Soldaten wurden bei diesem Angriff getötet. Die US-Navy zerschoss irakische Erdölplattformen und versenkte irakische Schnellboote. Die Nervosität nahm täglich zu. Am 3. Juli schoss der amerikanische Kreuzer USS Vincennes irrtümlich eine iranische Verkehrsmaschine ab. Dieser Irrtum kostete 290 Zivilisten das Leben. Am 17. Juli 1987 nahm der Iran, der Irak hatte bereits früher zugestimmt, den UNO-Vorschlag des Waffenstillstands an.

Die lachenden Dritten waren die Waffenhändler aus aller Welt und jene Mächte, die Freude an der Destabilisierung der Region haben, um ihre eigene Machtposition zu sichern.

Über die Vorgeschichte und eventuelle Zusagen, die den Irak bewogen haben, diesen Krieg zu eröffnen, ist relativ wenig bekannt. Eines steht jedoch fest: Dass der Westen grundsätzlich hinter seinem Freund und guten Waffenkunden Saddam Hussein gestanden hatte, so auch die USA, die ihn neben den Sowjets, den Franzosen und den Deutschen gegen gute Petro-Dollars mit modernsten Waffensystemen belieferten. Die Saudis und mit ihnen der Golfkooperationsrat GCC (Gulf Cooperation Council – Kuwait, Bahrain, Katar, Vereinigte Arabische Emirate und Oman), selbst in Panik vor den Iranern und den moslemischen Fanatikern, unterstützten den Irak mit Milliardendollarbeträgen. Der Waffengang dauerte acht Jahre, ohne dass eine Streitpartei einen eindeutigen Vorteil für sich herausholen konnte. Der Irak griff mit modernster Technologie an, der Iran warf Menschenmassen in die Schlacht. Die Kosten wurden pro Kriegspartei mit 150 bis 200 Milliarden Dollar errechnet, dazu zerstörte Infrastruktur in der Höhe von 450 Milliarden für den Irak und 650 Milliarden für den Iran. Die lachenden Dritten waren die Waffenhändler aus aller Welt und jene Mächte, die Freude an der Destabilisierung der Region haben, um ihre eigene Machtposition zu sichern.

Der Krieg endete 1988 mit einer Pattstellung, ohne Sieger[9] und ohne echte Veränderung der Ausgangsposition. Der Iran, der unzählige Menschen in die Schlacht geworfen hatte, war zwar nicht besiegt, aber wirtschaftlich und militärisch ausgeblutet. Die irakische Armee blieb relativ intakt, aber den Zugang zum Meer über den Schatt el Arab hatte sie auch nicht erreicht. Für die Supermächte und die internationalen Ölmultis war der Krieg von Vorteil, da sich keiner der beiden Staaten zu einem Führer am Golf oder gar aller moslemischen Interessen hatte aufschwingen können. Offensichtlich unbeirrt davon, in einem achtjährigen Krieg das Ziel eines ungefährdeten Zuganges zum Meer nicht erreicht zu haben, startete der Irak etwas mehr als zwei Jahre später neuerlich eine Offensive, um sich diesen Weg über Kuwait zu ebnen und dabei gleichzeitig einen Teil des dortigen Ölreichtums unter Kontrolle zu bekommen. Über die exakten Vorgänge im Vorfeld des eskalierenden Konfliktes gibt es naturgemäß widersprüchliche Angaben. Als sicher kann angenommen werden, dass Saddam Hussein nicht wie ein Unschuldslamm in den Golfkrieg hineingeraten ist. Ebenso sicher ist, dass es durchaus auch Anlässe vonseiten Kuwaits gegeben hat, die konfliktträchtig waren.

Zweiter Golfkrieg

Der zweite Golfkrieg – also jene militärische Aktion am Persisch-Arabischen Golf, die am 17. Januar 1991 mit einem massiven Bombardement der irakischen Hauptstadt Bagdad begann – gilt als erster Höhepunkt der direkten Auseinandersetzung um die Erdölreserven. Das war während der Kriegsvorbereitungen und unmittelbar unter dem Eindruck des Krieges der Weltbevölkerung nicht so eindeutig klar. In dieser Phase versicherte eine weit über 90 Prozent gleichlautende Weltpresse, es ginge ausschließlich darum, am Golf Frieden, Demokratie (wo gibt es die eigentlich am Golf?) und Ordnung wiederherzustellen und den irakischen Diktator und Herrscher Saddam Hussein, der über ein gigantisches Waffenarsenal inklusive Giftgas verfüge, in die Schranken

Der zweite Golfkrieg gilt als erster Höhepunkt der direkten Auseinandersetzung um die Erdölreserven.

zu weisen. Obwohl das Feuerwerk des ersten Bombenhagels über der Stadt des Kalifen Harun al-Raschid live von CNN übertragen wurde, herrschte über den tatsächlichen Krieg die perfekteste Pressezensur in der Geschichte der Kriegsberichterstattung. Nur bruchstückweise sickern Jahre danach Details an die Öffentlichkeit. Diese lassen jedoch den weltweit gefeierten Sieg und die angeblich so heldenhafte Operation der 38 Staaten gegen den Irak in einem mehr als gedämpften Licht erscheinen. Im Nachhinein dokumentiert wohl die schlichte Stellungnahme der Umweltschutzorganisation Greenpeace die Komplexität des Problems am besten: „Eine der maßgeblichen Ursachen dieses Konfliktes ist der Versuch, durch die Sicherung billiger Erdölquellen das industrielle Energieverschwendungssystem weiterhin zu gewährleisten. Der Irak ist in Kuwait einmarschiert, um sich die reichen Ölfelder dieses Landes anzueignen. Die USA sichern sich durch diesen Krieg den Zugang zu den reichsten Ölvorräten der Welt, denen der Golfregion." Im Golfkrieg oder zumindest relativ bald danach wurde erstmals manifest, dass um Ölinteressen auch direkt Krieg geführt wird. Immer deutlicher transparent werden die politischen Langzeitziele, wie sie schon vor dem Ersten Weltkrieg bestanden hatten: die dauerhafte Kontrolle über die Ölvorräte durch langfristige Militärpräsenz in der Region. Durch die Stationierung von UN-Truppen wurde das Königshaus in Saudi-Arabien gleichzeitig gestützt und abhängig gemacht.

Im Golfkrieg oder zumindest relativ bald danach wurde erstmals manifest, dass um Ölinteressen auch direkt Krieg geführt wird.

Die These, es habe sich damals wie heute ausschließlich oder auch nur vorwiegend um die Absicherung Kuwaits gehandelt, lässt sich nicht aufrechterhalten. Beim Balkankrieg im ehemaligen Jugoslawien haben gleichwertige, wenn nicht quantitativ schlimmere Massaker unter den Augen der Weltöffentlichkeit stattgefunden, ohne dass die UNO vergleichbare Schritte wie jene am Golf gesetzt hätte. Die kriegerische Auseinandersetzung zwischen dem 17. Januar und dem 28. Februar 1991, bei dem es auf irakischer Seite 100.000 und auf alliierter Seite 200 Tote gab und die allein die Alliierten über 100 Milliarden

Dollar kostete (die zum größten Teil von Saudi-Arabien und Kuwait getragen wurden), war nur ein Höhepunkt im Kampf um die Kontrolle der Golfregion. Mit an Sicherheit grenzender Wahrscheinlichkeit war schon zu diesem Zeitpunkt auszuschließen, dass durch den Waffengang so etwas wie Ruhe in dem Gebiet einkehren wird. Wie sich später auch gezeigt hat. Doch es war jedenfalls eine der größten Militäraktionen seit dem Zweiten Weltkrieg, allein die USA schickten 550.000 Soldaten. Immerhin ging und geht es um ein Drittel der fossilen Weltenergiereserven.

Doch zurück zur Ausgangssituation des zweiten Golfkriegs: Seit Mitte der Dreißigerjahre des vorigen Jahrhunderts gab es Streitigkeiten über die Grenzziehungen zwischen Irak und Kuwait. Der Irak argumentierte sogar, dass Kuwait zu seinem Staatsgebiet gehöre, da Kuwait ein Teil des Osmanischen Reiches gewesen sei. Zündfunken des Konflikts bildeten dann zwei Gegebenheiten: erstens die Auseinandersetzung um das bananenförmige Rumailah-Erdölfeld, das mit seinem südlichen Ende drei Kilometer weit in Kuwait lag. Der Irak beschuldigte die Kuwaitis, dort irakisches Öl unterirdisch abzuzapfen, und zwar in einem Gegenwert von 2,4 Milliarden Dollar. Das Feld gilt als Delikatesse, als sogenanntes Elefanten- oder Supergiganten-Feld mit einer Fördermenge von insgesamt 5 Milliarden Barrel. Der Irak wollte dafür die oben erwähnte Entschädigung. Zweitens beschuldigte Hussein Kuwait, die von der OPEC festgelegten Förderquoten nicht einzuhalten, sondern heimlich zu überschreiten, damit den internationalen Rohölpreis zu ruinieren und auch dem Irak zu schaden. Dieser Vorwurf galt gleichzeitig auch für die VAE-Staaten (Vereinigte Arabische Emirate). Der Barrel-Preis betrug damals 18 Dollar. Der von Saddam Hussein angestrebte Preis von 25 Dollar wäre nach Ansicht von Experten durch eine gezielte Verknappung durchaus möglich gewesen. Für den Irak eine lebenswichtige Frage, da er immerhin 80 Milliarden Dollar an Schulden aus seinem Iran-Abenteuer abzuzahlen hatte.

Sinnigerweise wollte auch der Kriegsgegner Iran einen höheren Erdölpreis, während die Golfstaaten an das schnellere Geld durch eine Erdölschwemme dachten. Immerhin unternahmen ihre Kunden, die Industriestaaten, bei jeder Androhung von Preissteigerungen enorme Anstrengungen, die Energieabhängigkeit zu vermindern. 30 Milliarden Dollar der Gesamtschuld von 80 Milliarden schuldete der Irak den Golfstaaten. In einer flammenden Rede anlässlich eines Gipfeltreffens der arabischen Staatschefs am 28. Mai 1990 in Bagdad zeichnete Saddam Hussein bereits sein Angriffsszenario ab. Gegen Kuwait und die Vereinigten Arabischen Emirate gerichtet, schmetterte er: „Ihr fördert zu viel Erdöl und tragt damit dazu bei, dass der Ölpreis zu niedrig ist. Jeder Preissturz um einen Dollar pro Barrel bedeutet für den Irak einen Verlust von einer Milliarde Dollar pro Jahr. Das ist ein regelrechter Wirtschaftskrieg, den ihr gegen mein Land führt ... Die von der OPEC festgesetzten Quoten sahen für Kuwait eine Tagesproduktion von 1,5 Millionen Barrel vor. In Wahrheit hat Kuwait täglich zu unserem Schaden 2,1 Millionen Barrel gefördert ... Das, Brüder, muss einmal ganz klar ausgesprochen werden, denn heute geht es um einen ganz anderen Konflikt. Ein Angriff wird nicht nur mit Panzern, Artillerie und Schiffen geführt. Er kann auch mit subtileren und heimtückischeren Mitteln geführt werden, wie der Überproduktion von Erdöl, mit wirtschaftlichen Benachteiligungen und anderen Druckmitteln, um ein Volk zu versklaven.“[10]

Zu diesem Zeitpunkt dürfte Saddam Hussein längst entschlossen gewesen sein, Kuwait anzugreifen. Es war nur mit Sicherheit nicht so, dass dies für die Welt überraschend kam, und dass er nicht versucht hätte, sich vor diesem Schritt diplomatisch abzusichern. Wie sich nach dem Krieg herausstellte, ist Saddam von einer zumindest stillschweigenden Zustimmung der USA ausgegangen. Bis zur Ära Gorbatschow war die Sowjetunion eine recht verlässliche Schutzmacht für den Irak gewesen, vor allem auch im UN-Sicherheitsrat, wo alle Entscheidungen einstimmig getroffen werden müssen. Durch den beginnenden Zerfall des Sowjetreiches und die Öffnung des Landes gegen den Westen durch Gorbatschow war diese Schutzmacht nur

Mit Kuwait hätte Saddam 20 Prozent der Welterdölreserven und 20 Prozent der OPEC-Produktion kontrolliert.

noch beschränkt belastbar. So stimmte sie später auch einem Angriff auf den Irak zu. Im Nachhinein gesehen ist die Position der USA während der schrittweisen Eskalation des Konfliktes äußerst fragwürdig. Nach dem Krieg wurden für die Amerikaner peinlicherweise die diplomatischen Vorbereitungen öffentlich: So versicherte die amerikanische Botschafterin April Catherine Glaspie am 25. Juli 1990 (also keine zwei Wochen vor dem Einmarsch in Kuwait) in einem Vieraugengespräch mit Saddam Hussein, dass sich die USA in einem Konflikt zwischen Irak und Kuwait neutral verhalten würden.[11)] Es besteht kein Zweifel: Saddam Hussein musste diese Aussage als Einverständnis für seinen Einmarschplan sehen. Am 2. August 1990 marschierten dann 100.000 irakische Soldaten in Kuwait ein. Die Herrscherfamilie unter Emir Jaber as-Sabah floh, die militärischen Gefechte waren kurz, aber grausam. Mit Kuwait hätte Saddam 20 Prozent der Welterdölreserven und 20 Prozent der OPEC-Produktion kontrolliert.[12)] Der damalige amerikanische Präsident George H. Bush, der selbst aus der Ölbranche kam, erklärte unverblümt seine weltpolitische Sicht der Dinge und vor allem seine Ansicht über die Energiebesitztümer der Welt: „Unsere Wirtschaft, unsere Lebensart, unsere Freiheit und die Freiheit befreundeter Länder auf der ganzen Welt, alles würde leiden, wenn die Kontrolle über die großen Ölreserven der Welt in die Hände Saddam Husseins fiele.“[13)] Selten findet man den Begriff „Freiheit“ so klar als Anspruch auf den Zugriff auf die billigen Rohstoffe Dritter definiert.

Ab dem 3. August 1990 begannen intensive diplomatische Verhandlungen um einen sofortigen Rückzug des Irak aus Kuwait. In der Resolution 660 forderte die UNO den sofortigen und bedingungslosen Rückzug. Am 6. August verhängte der Sicherheitsrat ein umfassendes Wirtschaftsembargo. Bereits am 3. August hatten die USA eine Seestreitmacht für das Krisengebiet aktiviert. Am 29. November gestattete der UNO-Sicherheitsrat, Gewalt gegen den Irak einzusetzen, falls dieser nicht bis zum 15. Januar 1991 Kuwait räume. Der Irak nahm nach iranischem Vorbild 12.000 Ausländer als Geiseln, die er als lebende Schutzschilder auf eventuelle Angriffsziele im ganzen Land verteilte.

Schrittweise ließ er sie allerdings bis zum 6. Dezember 1990 wieder frei. In der Sache selbst, der Forderung nach einem Rückzug aus Kuwait, blieb er unnachgiebig. Letzte Vermittlungsversuche von UN-Generalsekretär Javier Pérez de Cuéllar und ein Treffen von US-Außenminister James Baker und Iraks Tarik Asis in Genf brachten keine Entspannung. Versehen mit dem Sanctus der UNO (der russische Außenminister Eduard Schewardnadse ermöglichte dies durch seine Zustimmung im Sicherheitsrat) griffen die aus 28 Staaten zusammengezogenen alliierten Streitkräfte am 17. Januar 1991 den Irak an. Voraussetzung für den größten Aufmarsch seit dem Vietnamkrieg war die Zustimmung Saudi-Arabiens, als Ausgangsbasis für die Operationen „Desert Shield" und „Desert Storm" zu dienen. 600.000 ausländische Soldaten wurden nach Saudi-Arabien verlegt. In 42 Tagen und 4 Stunden entluden die Alliierten den dichtesten Bombenhagel der Geschichte über ein Land. „Der Spiegel" berichtete beinahe maliziös: „Auf breiter Front hatten die Alliierten auch den irakischen Verteidigungsgürtel um Kuwait angegriffen – nach tagelanger Vorbereitung durch Bombenangriffe und Artillerietrommelfeuer, Napalm-Brandsätze gegen ölgefüllte Panzergräben, sieben Tonnen schwere Mammut-Bomben, die im Umkreis von mehreren hundert Metern Menschen und Material zerquetschten, Aerosolbomben, deren Luft-Treibstoffgemisch tödlichen Explosionsdruck bis in unterirdische Befestigungen verteilt, Raketen aus zwölf-röhrigen Werfern, die mit einer Salve beinahe 8000 Sprengkörper weiträumig verschießen, und die 20-Tonnen-Last der B-52-Bomber: Was immer die Alliierten in ihren Munitionslagern und Bombendepots vorrätig hielten, regnete todbringend auf Iraks Verteidigungsstellungen herab."[14)]

Tatsächlich brauchten die Alliierten zum Überrennen der „gefürchteten" Verteidigungslinien der Iraker von der saudischen Grenze bis Kuwait bloß 100 Stunden. Halb verhungerte und verdurstete Soldaten ergaben sich ohne den geringsten Widerstand. Manche sollen sich sogar, so berichtete ein italienisches Fernsehteam, einem unbemannten Aufklärungsroboter ergeben haben. Von den angekündigten Giftgasverteidigungslinien gab es weit und breit keine Spur. Die Frage nach der Verhältnismäßigkeit der Mittel ist gleichzeitig auch die Frage nach dem tatsächlichen Kriegsziel. Ging es darum, Kuwait zu befreien oder sich auf Dauer in der Region festzusetzen? Und wäre Ersteres nicht wesentlich unaufwendiger und „billiger“ durchzusetzen gewesen? Die Befreiung Kuwaits geschah erst zuallerletzt, als die Iraker schon tagelang kein Flugzeug mehr in die Luft brachten. Im Siegesrausch gingen die Zweifel fast unter. Es gab sie aber: „Dies ist kein Krieg der Vereinten Nationen“, entsetzte sich Generalsekretär Pérez de Cuéllar angesichts der wochenlangen Bombardierung des Irak. Erst nach der totalen Niederlage der irakischen Armee und nach der einseitigen Ankündigung einer Feuerpause durch die Amerikaner durfte der Sicherheitsrat über die Formalisierung des Waffenstillstandes verhandeln – „degradiert zu einer Kammer von Notaren“, klagte der Pariser „Le Monde“.[15)] Die USA verloren 79 Soldaten im High-Tech-Krieg, die weiteren 121 gefallenen Soldaten der Alliierten gingen unter anderem auf Treffer durch die eigenen Truppen zurück.

Die Rolle der Medien

Die Weltbevölkerung erlebte den „saubersten“ Krieg, den es je gab. Durch totale Zensur, die die Weltpresse widerspruchslos hinnahm, und durch gezielte Bevorzugung des weltumspannenden Fernsehsenders CCN durch die amerikanischen Militärs lancierte man geschickt das Bild eines Krieges, der einem Computerspiel glich, aufgenommen aus den Bordkameras der Kampfbomber, die jeweils nur eine Staubwolke als Ergebnis ihres Tuns vermittelten, nicht das dahinter liegende Leid der Zivilbevölkerung. Der Golfkrieg wurde während seiner Akutphase relativ unwidersprochen als Befreiungskrieg für Kuwait hingenommen. Es gab zwar in Amerika und Europa, vorwiegend in Deutschland eine aufkeimende Protestbewegung, die aber nicht annähernd einen aktiven Widerstand wie gegen den Vietnamkrieg aufweisen konnte. Den Alliierten unter Führung der Amerikaner war schon klar, dass Kriege nicht nur auf dem Schlachtfeld, sondern auch in den Medien geführt und entschieden werden. Noch tief saß der Stachel der Bilder von den brennenden Vietnamesenkindern, die von Napalmbomben getroffen waren, oder vom Saigoner Polizeichef, der persönlich die Pistole an den Kopf eines wehrlosen Halbnackten legte und kaltblütig abdrückte.

Beim Golfkrieg hatten die Medien, ohne das wahre Ausmaß des Krieges zu hinterfragen oder gar Widerstand gegen diese systematische Manipulation zu leisten, mitgespielt. Dabei hätten die Alarmglocken durchaus schon sehr früh läuten können. In diesem Zusammenhang sind die nachträglichen Enthüllungen über die Propagandamethoden eher peinlich, verraten sie doch das simple Schwarz-Weiß-Spiel: dort der Satan Saddam und hier die heldenhaften Befreier von Kuwait ohne Fehl und Tadel. Udo Ulfkotte, Redakteur der „Frankfurter Allgemeinen Zeitung", rekonstruiert in seinem Bestseller „Verschlusssache BND", in dem er die Schwächen der Geheimdienste bloßlegt, die Kriegsvorbereitungen folgendermaßen: Nachdem die Amerikaner jahrelang fleißige Waffenlieferanten für Saddam Hussein gewesen waren, änderten sie ihre Meinung, da er ihnen nicht mehr von Nutzen war, wie zuvor im Krieg gegen die iranischen Ayatollahs, sondern ihre eigenen Interessen am Golf bedrohte: „Von einem Tag auf den anderen stellten die amerikanische Regierung und das Pentagon dann Saddam Hussein nach dem Einmarsch als das beispiellose teuflische nahöstliche Gegenstück zu Adolf Hitler hin. Nicht der Irak, sondern Kuwait hatte zu dieser Zeit ein Imageproblem", behauptet Ulfkotte. „Um dieses zu lösen, lancierten wenige Tage nach dem irakischen Überfall auf Kuwait am 2. August 1990 kuwaitische und amerikanische Geheimdienste unter anderem das Gerücht, die Iraker hätten bei ihrem Einmarsch in den kuwaitischen Krankenhäusern wehrlose Babys aus Brutkästen gerissen und achtlos auf die Steinböden geworfen. Auf angeblich unter Todesgefahr aus Kuwait herausgeschmuggelten und verschwommenen Fotos, die in Wirklichkeit Puppen zeigten, sah man kleine Körper auf dem Boden liegen. Weltweit gab es wohl keine Zeitung, die diese Geschichte nicht auf der Titelseite druckte. Erst drei Jahre nach dem Kuwait-Krieg wurde bekannt, dass die britische Werbeagentur Hill und Knowlton 10,8 Millionen Dollar für diese ‚gute Arbeit' erhalten hat. Die CIA half fleißig dabei, Geschichten zu erfinden, die die Iraker als Unmenschen und Barbaren darstellen und die westliche Welt psychologisch auf den Krieg gegen den Irak einstimmen sollten."[16)]

Die Wahrheit liegt wohl in der Mitte. Zwei Interessenten standen einander am Golf gegenüber: Auf der einen Seite Saddam Hussein, dem es darum ging, die

Vorherrschaft im arabischen Raum zu erlangen, zu einem der reichsten Potentaten der Welt zu werden, und der diesem Ziel durch den Einmarsch in Kuwait näherzukommen versuchte. Auf der anderen Seite standen die ölabhängigen Industriestaaten unter der Führung Amerikas, die um einen langfristigen Herrschaftsanspruch in der Golfregion und damit um den freien und kostengünstigen Zugang zu den Rohstoffen kämpfen. Zusätzlich ist es in deren fundamentalem Interesse, die Rüstungsspirale in der Region aufrechtzuerhalten und somit den Anteil des für den Rohstoff Öl ausgegebenen Geldes über die Waffenproduktion wieder hereinzuholen. Die Teilung in „Gute" und „Böse" erzeugt ein ideales Spannungsfeld für diese Ziele. Die besten Helfer bei diesem System sind wiederum willfährige Medien. Ein Indiz dafür, wie sogar ein gegenseitiges Abhängigkeitsverhältnis zwischen den beiden Golfkontrahenten besteht, ist der erwähnte Schutzschild, den die USA über Saddam Hussein persönlich hielten, da sonst ihre eigene Anwesenheit in der Region infrage gestellt werden könnte.

Die Teilung in „Gute" und „Böse" erzeugt ein ideales Spannungsfeld für diese Ziele. Die besten Helfer bei diesem System sind wiederum willfährige Medien.

Mediale Desinformationen bauen auf das Kurzzeitgedächtnis des Rezipienten. So behauptete man während der Golfkriegsvorbereitung, der Irak stünde weniger als zwei Jahre vor der Atombombe, im September 1991 reduzierte man den Zeitraum auf sechs Monate, Ende Oktober auf „unter zwei Monate". Ein vifer Analytiker hätte aus diesen lancierten Meldungen nicht nur den ungefähren Kriegsausbruch errechnen, sondern daraus auch die Unausweichlichkeit des Krieges (ansonsten wäre ja die Unrichtigkeit der Meldungen aufgefallen) interpretieren können. Interessant ist, dass anlässlich des Geplänkels um die amerikanischen UNO-Inspektoren zwischen dem Irak und den USA im Dezember 1997 wiederum ähnliche Gräuelberichte auftauchten, unter anderem, dass Saddam Hussein Raketen mit Giftgassprengsätzen besitzen würde, die Europa erreichen könnten. (Kurz vorher war der Ölpreis langsam angestiegen, die Saudis hatten Zahlungsschwierigkeiten bei ihren Waffenkäufen und forderten eine Erhöhung der Förderquoten, die sie danach prompt auch bekamen.)

Zurück zur Atombombenlegende, die nach Ulfkotte „rein psychologische Gründe“ hatte, um die Weltgemeinschaft auf den Krieg vorzubereiten. Er zitiert Frank Barnaby, Direktor des angesehenen Stockholmer Friedensforschungsinstituts SIPRI, der nach Ende des Golfkrieges erklärte, die Äußerungen der Geheimdienste seien „mehr als Propaganda“ gewesen. „Fünf oder vielleicht zehn Jahre hätte der Bau einer irakischen Atombombe demnach noch mindestens gedauert.“[17)]

Der Golfkrieg ist in vielen Bereichen ein Musterbeispiel der bedingungslosen Skrupellosigkeit im Kampf um Öl. So schreibt Ulfkotte, der erstaunliches Insiderwissen und Dokumentenkenntnis über Geheimdienstaktivitäten vorweisen kann, über die Propagandaarbeit zum Golfkrieg: „Besonders dreist belog man die Öffentlichkeit auch, als das Pentagon behauptete, in Kuwait stünden 250.000 irakische Elitesoldaten, die angeblich nur darauf warteten, angreifende amerikanische Soldaten niederzumetzeln. John McArthur, der für die ‚New York Times‘ und das ‚Wall Street Journal‘ arbeitet, berichtet: ‚Wie schon im Fall der Brutkasten-Story wurden auch die Behauptungen von dem riesigen Menschenpotential, das hinter Saddams Gebietsanspruch stand, von den Medien einhellig akzeptiert.‘“ Auf die Tatsache, dass es sehr wohl Medien gab, die das makabre Spiel durchschauten, weist Ulfkotte gesondert hin: „‚Einzig die St. Petersburg Times, eine angesehene unabhängige Tageszeitung aus Florida, stellte die offiziellen Angaben in Zweifel.‘ In einem Aufmacher, der am 6. Januar 1991 erschien, berichtete diese Zeitung unter Berufung auf sowjetische Satellitenaufnahmen, dass es keine Anhaltspunkte für eine massive irakische Truppenpräsenz in Kuwait gebe. Solcherlei Informationen gingen in der aufgepeitschten Atmosphäre unter. Die amerikanische Zeitschrift Newsday schrieb nach dem Krieg rückblickend: ‚Die kampfbereiten alliierten Soldaten, die mit Hubschraubern auf dem Schlachtfeld niedergingen, in kanonenbewehrten Panzern durch den Sand rasten und aus hochmodernen Kampfflugzeugen Bomben abwarfen, bekämpften am Ende einen Phantomfeind. Der größte Teil der

Die CIA-Propagandaabteilung hatte gute Arbeit geleistet, denn die Stimmung der Weltgemeinschaft wurde durch ihre angeblichen Erkenntnisse nachhaltig beeinflusst.

mächtigen irakischen Armee, der in Kuwait und im südlichen Irak angeblich über 500.000 Mann zählte, war nicht zu finden.'"[18]

Eine Lehre kann man aus dem zweiten Golfkrieg ziehen: Die echten Sieger leben woanders. „Den größten Gewinn in ihrer Firmengeschichte hat die Deutsche Shell AG im Golfkriegsjahr erwirtschaftet. Der enorme Jahresüberschuss von 547 Millionen Mark 1991 ist nach Unternehmensangaben auf die gestiegenen Ölpreise während des Golfkrieges zurückzuführen."[19]

„Operation Desert Fox"

In der ersten Auflage dieses Buches war bereits 1998 zu lesen: „Ein echter dauerhafter Friede am Golf ist noch lange nicht abzusehen." Leider hat sich diese Vorahnung schon im Dezember 1998 bewahrheitet.

Die USA stürzten Saddam Hussein nicht, leiteten jedoch gleichzeitig Sanktionen gegen den Irak ein. Der Irak durfte Lebensmittel und Medikamente nur im Rahmen des Öl-für-Lebensmittel-Programms importieren. Dies führte laut einem UNICEF-Bericht von 1998 zu 90.000 Todesfällen pro Jahr, insbesondere bei Kleinkindern und Babys. Zusätzlich richteten die UN eine Flugverbotszone im Norden und Süden des Landes ein und verhängten ein strenges Embargo für den Import von Rüstungsgütern sowie Inhaltsstoffen von ABC-Waffen. Genau genommen entpuppte sich die amerikanische Drohung, die Präsidentenpaläste Husseins wegen des Verdachtes der Lagerung von Giftgas zu durchsuchen, als eine grenzenlose Blamage. Der Sicherheitsrat der Vereinten Nationen richtete eine Waffeninspektionstruppe ein, die als verdächtig geltende Anlagen im Irak überprüfen sollte. Nachdem UN-Generalsekretär Kofi Annan im Februar 1998 einen freien Zutritt für UN-Kontrollore erwirkt hatte, wurde erwartungsgemäß keinerlei Giftgas gefunden. Und dennoch stellten die UN 1998 fest, dass der Irak mit seinem Vorgehen gegen mehrere Resolutionen verstoßen habe. Für die USA und Großbritannien Legitimation genug, um am 16. Dezember 1998 ein viertägiges Bombardement des Iraks mit dem Codenamen „Operation Desert Fox" zu starten.

Es ist wohl kein Zufall, dass zeitgleich das Amtsenthebungsverfahren gegen den damaligen US-Präsidenten Bill Clinton am 19. Dezember 1998 begonnen hatte. Das von Bill Clinton auf dem Höhepunkt seiner Sex-Affäre mit der jungen Praktikantin im Weißen Haus, Monica Lewinsky, durchgeführte Bombardement der Paläste Husseins hatte demnach keinerlei praktischen Sinn, als von Clintons vermeintlichen oder tatsächlichen Liebesabenteuern und Meineiden abzulenken. Unter Medienleuten ging „Operation Desert Fox“ als „Monicas Krieg“ in die Geschichte ein.[20]

Am Ende des Tages wird entscheidend sein, wie die Situation im Mittleren Osten in zwei bis drei Jahren aussehen wird. Wenn Saddam noch da ist, wenn er wiederaufrüstet, wenn die Sanktionen aufgehoben sind, haben wir verloren, egal in welche Richtung wir es drehen.

In Reaktion auf „Desert Fox“ forderten drei der fünf ständigen Mitglieder des UN-Weltsicherheitsrates (Russland, Frankreich, Volksrepublik China) die Aufhebung des achtjährigen irakischen Öl-Embargos. Sie verlangten auch die Umgestaltung oder Auflösung der UN-Waffeninspektions-Einheit, United Nations Special Commission (UNSCOM), da deren Vorsitzenden, dem australischen Diplomaten Richard William Butler Spionagetätigkeit für die USA vorgeworfen wurde. Nach vier Tagen beendete Präsident Clinton am 20. Dezember 1998 die „Operation Desert Fox“. Aufrecht blieben hingegen die Sanktionen gegen den Irak und ebenso die Suche nach vermeintlichen Massenvernichtungswaffen.

Der ehemalige US-Staatssekretär Henry Kissinger beurteilte „Desert Fox“ nach Ende der Kriegshandlungen wie folgt: „Ich wäre verwundert, wenn eine Drei-Tages-Kampagne einen entscheidenden Unterschied machen würde … Am Ende des Tages wird entscheidend sein, wie die Situation im Mittleren Osten in zwei bis drei Jahren aussehen wird. Wenn Saddam noch da ist, wenn er wiederaufrüstet, wenn die Sanktionen aufgehoben sind, haben wir verloren, egal in welche Richtung wir es drehen.“[21] Damit sprach Kissinger wohl aus, was Bush und sein Regierungsteam der Öffentlichkeit bewusst verschwiegen hatten: Die Golfkrise war längst noch nicht ausgestanden. Der zweite

Golfkrieg wurde ja eigentlich nie richtig beendet, sondern mittels Sanktionen und Bombardements – wie der „Operation Desert Fox“ – weitergeführt. „Allein für das Jahr 1999 wurden an 132 Tagen Luftangriffe registriert“, sagte der ehemalige Leiter des UN-Hilfsprogramms in Bagdad, Hans-Christof von Sponeck in seinem Bericht an den UN-Sicherheitsrat.[22] Fest steht, dass weder vor den Kriegen noch danach jemals Massenvernichtungswaffen im Irak gefunden wurden. Auch jene Waffeninspektionen, die 2002 und 2003 im Irak stattfanden, haben keinerlei Hinweise auf Massenvernichtungswaffen im Land erbracht. Der Irak war ja durch den ständigen Krieg ausgezehrt. Die ständigen Waffeninspektionen und die damit einhergehenden Abrüstungen sowie die UN-Sanktionen machten ihn kraftlos. Die Wirtschaft des Irak lag danieder, die Kindersterblichkeit war rasant angestiegen. Trotzdem hielten die USA und Großbritannien daran fest, dass der Irak aufgrund seiner Massenvernichtungswaffen eine Gefahr für die Menschheit sei. Die USA und Großbritannien schreckten als permanente Mitglieder der UN nicht davor zurück, ein Embargo gegen den Irak aufrechtzuerhalten, im Wissen, dass dies eine Verletzung der UN-Konvention für Menschenrechte, der Genfer und Den Haager Konventionen und anderer internationaler Gesetze war.

Es zeichnete sich nun eine Wende ab: War bisher Ziel der Alliierten, Saddam Hussein am Leben zu erhalten, um eine ständige Truppenpräsenz am Golf rechtfertigen zu können, so sollten der irakische Diktator und sein Regime nun gestürzt werden.

Der dritte Golfkrieg

Die Terroranschläge vom 11. September 2001 in den USA gaben der US-Regierung unter Präsident George W. Bush die notwendige Legitimation gegenüber der eigenen und der Weltbevölkerung, weitere militärische Schritte gegen den Irak vorzunehmen, auch wenn man heute weiß, dass der dritte Golfkrieg von den USA bereits lange vor 9/11 in Planung war.[23]

Es zeichnete sich nun eine Wende ab: War bisher Ziel der Alliierten, Saddam Hussein am Leben zu erhalten, um eine ständige Truppenpräsenz am Golf rechtfertigen zu können, so sollten der irakische Diktator und sein Regime nun gestürzt werden. Die früheren leitenden UN-Waffeninspektoren Hans-Christof von Sponeck und Denis Halliday schrieben in einem Artikel in der britischen Zeitung „The Guardian“ wie folgt: „Es ist offensichtlich, dass Washington seine elfjährige eigennützige Unterdrückungspolitik des Irak-Regimes beenden möchte und gewaltsam eine Politik verfolgt, die zu einem Regimewechsel von Saddam Hussein und seiner Regierung führen soll.“[24] Die Bush-Regierung gab als Kriegsgrund den Besitz von Massenvernichtungswaffen und die Unterstützung des Terror-Netzwerkes Al-Qaida durch den Irak an. Dies, obwohl Saddam Hussein den Islamismus viele Jahre lang bekämpft hatte und eine Verbündung mit islamistischen Kämpfern ablehnte.[25] Die USA reihten den Irak in die „Achse des Bösen“ ein. George W. Bush war fest entschlossen, zu Ende zu führen, was sein Vater, der damalige Präsident George H. Bush, im Golfkrieg 1991 mit großen Verlusten begonnen hatte.

Dass es im Irak tatsächlich um den Zugriff und die Verteilung der mittlerweile zweitgrößten Erdölvorräte der Welt ginge, wurde von der Bush-Regierung vehement bestritten. Hingegen beteuerte Präsident Bush jun.: Die Vorstellung, dass die USA irakische Ölfelder begehren würden, „ist ein falscher Eindruck“. „Ich habe einen tiefen Wunsch nach Frieden. Das ist, wonach ich Sehnsucht habe. Und Freiheit für das irakische Volk.“[26] Das Wort „Erdöl“ wurde von der Bush-Regierung tunlichst vermieden. Kein Blatt vor den Mund nahm sich hingegen der ehemalige US-Staatssekretär Henry Kissinger, der offen eingestand:

> *„Öl ist ein zu wichtiges Gebrauchsgut,*
> *als dass man es in den Händen der Araber belässt“.*[27]

Nachdem die USA zuerst den Krieg gegen die Taliban in Afghanistan begonnen hatten, nahmen die US-Militärstrategen den Irak spätestens ab 2002 genauer ins Visier. Auf Druck der USA und der Briten wurden erneut UN-Waffeninspektoren in den Irak geschickt. Obwohl die UN-Inspektoren den Verdacht auf Massenvernichtungswaffen auch diesmal nicht bestätigen konnten, stellten die USA dem Irak ein Ultimatum von 48 Stunden. Nach dessen Ablauf begannen die USA und Großbritannien ohne UN-Mandat am 20. März 2003 Ziele in Bagdad zu bombardieren. Dies ohne jegliche völkerrechtliche Legitimation und ohne jeden Nachweis für eine ernste Bedrohung vonseiten des Irak. Es handelte sich um einen Einmarsch der US-Streitkräfte in ein völlig unterlegenes Land. Nach mehr als einem Jahrzehnt Krieg, Sanktionen und geleisteten Abrüstungen bedingt durch Waffeninspektionen, war der Irak nicht in der Lage, Widerstand zu leisten. Das militärische Regime des Irak kollabierte innerhalb weniger Wochen, Massenvernichtungswaffen, der behauptete Kriegsgrund der USA, wurden vom Irak – wie konnte es anders sein – nicht eingesetzt. Am 20. Mai 2003 erklärte Präsident Bush den dritten Golfkrieg für beendet.

Kurz nach Kriegsende gestand die US-Regierung ein, dass sich Präsident Bush auf unvollständige oder sogar falsche Informationen des britischen Geheimdienstes gestützt habe.[28] Ungenierter äußerte sich US-Vizeverteidigungsminister Paul Wolfowitz in einem Interview: Die Suche nach Massenvernichtungswaffen diente den Amerikanern nur als Vorwand für den Irak-Krieg.[29] Auf den Punkt brachte es wohl der ehemalige Vorsitzende der US-Notenbank, Alan Greenspan, der 2007 in einem Interview sagte:

> *„Ich bin betrübt, dass es politisch unbequem ist, zuzugeben, was jeder weiß: Der Irak-Krieg ist hauptsächlich um Öl geführt worden.“*[30]

Im Oktober 2003 übernahm eine multinationale Truppe unter US-Kommando die Führung im Irak. Auf Saddam Hussein wurden 30 Millionen US-Dollar Kopfgeld ausgesetzt, der höchste Betrag, der jemals von den USA angeboten wurde.[31] Insgesamt wurden von den US-Streitkräften 55 irakische Personen des Saddam-Regimes gesucht. Um deren Namen und Gesichter unter der Bevölkerung bekannter zu machen, brachten die US-Streitkräfte Spielkarten mit den Abbildern der Gesuchten in Umlauf. Darauf war Saddam Hussein als Pikass dargestellt.[32] Die Menschenverachtung kannte auch im Umgang mit Kriegsgefangenen keine Tabus: Foltermethoden wie Waterboarding – simuliertes

Ertränken – wurden von Bush persönlich angeordnet. In einem Interview gegenüber der britischen Zeitung „The Times" bezeichnete er diese als „moralisch vertretbar, legal und effizient".[33] Auch die Bilder der Folterskandale im Abu-Ghuraib-Gefängnis, bei denen irakische Kriegsgefangene von US-Soldaten gefoltert und missbraucht wurden, sorgten weltweit für Empörung. Am 13. Dezember 2003 fanden schließlich US-Soldaten Saddam Hussein in einem Erdloch versteckt auf. Saddam Hussein wurde am 30. Dezember 2006 gehängt.

Bis heute ist die Situation im Irak instabiler als vor dem Krieg – der Irak zählt zu den unsichersten Ländern der Welt. Bombenanschläge, Selbstmordattentate, kriegerische Handlungen sind Teil des Alltags geworden.

Bis heute ist die Situation im Irak instabiler als vor dem Krieg – der Irak zählt zu den unsichersten Ländern der Welt. Bombenanschläge, Selbstmordattentate, kriegerische Handlungen sind Teil des Alltags geworden.

Der mittlerweile amtierende US-Präsident Barack Obama zog für sein Land eine bittere Bilanz: 4000 gefallene US-Soldaten und 32.000 Verwundete. Die Angaben über die US-Kriegskosten gehen auseinander und reichen von 600 Milliarden bis zu Langzeitkosten von 4 Billionen US-Dollar, wie der anerkannte Nobelpreisträger und Ökonom Joseph E. Stiglitz schätzt. Selbst Außenministerin Hillary Clinton bezifferte die Kriegskosten mit mehr als einer Billion US-Dollar.[34] Eines steht jedenfalls fest: Nach der Verstaatlichung der irakischen Ölindustrie durch Saddam Hussein einst haben heute die Ölmultis Shell, Exxon Mobil, BP und Total das Zepter in der Hand und damit den Zugang zu den drittgrößten Erdölreserven auf der Welt.[35] Ob die US-Besatzungstruppen den Irak wie angekündigt bis Ende 2011 verlassen werden, ist angesichts der sich Anfang 2011 immer weiter ausbreitenden Unruhen in Nordafrika und den Golfstaaten stark zu bezweifeln.

Arabischer Frühling

Im Frühjahr 2011 schwappte eine Welle von Bürgeraufständen von den Ländern Nordafrikas auf den Nahen Osten über. Nach Marokko, Tunesien, Algerien, Ägypten, Jordanien und Libyen griffen die gewaltsamen Protestbewegungen –

auch auf die Golfstaaten Jemen, Bahrain, Iran, Irak, Katar, Kuwait und Saudi-Arabien über. Von Tunis bis Bagdad riefen zigtausende Bürger den „Tag des Zorns“ aus und protestierten auf der Straße gegen die autoritär herrschenden Despoten, welche sich die reichen Industrieländer des Westens stets willfährig gehalten hatten, um den Zugang zu den Ölquellen sicherzustellen.[36)] Die Aufständischen fordern den Rücktritt der autoritären Machthaber und mehr Mitspracherecht, das den Ländern des Nahen Ostens auch in der Post-Kolonialzeit verwehrt geblieben war. Durch die ständige Einflussnahme des Westens war eine eigenständige Entwicklung weder möglich noch erwünscht. Denn dies hätte sowohl den Zugriff auf die gigantischen Erdölvorräte als auch den Golf als strategische Brücke zwischen Europa und Asien gefährdet.[37)]

Noch ist der Ausgang der Protestbewegungen nicht absehbar – die Auswirkungen auf die globale Weltwirtschaft können derzeit nur erahnt werden, vor allem wenn man bedenkt, dass 61 % der weltweiten Erdölreserven im Nahen und Mittleren Osten liegen.[38)] Bedingt durch den Krieg in Libyen muss Europa bereits auf einen wichtigen Öllieferanten verzichten. Ein weiterer Ausfall eines Erdöl-Lieferanten, wie der Vereinigten Arabischen Emirate oder gar Saudi-Arabien infolge der Unruhen, könnte zu dramatischen Engpässen in der Energieversorgung für die restliche Welt führen.[39)]

Der Westen hängt am Öltropf. Es ist nicht davon auszugehen, dass er untätig zusehen wird, wenn die Versorgung gefährdet ist, denn das Konfliktpotenzial um die verbleibenden Erdölvorräte ist enorm. Das Jahr 2011 wird von Energieexperten bereits als Schicksalsjahr für die Ölversorgung bezeichnet.[40)] Der Spitzenpreis von 150 Dollar pro Barrel im Jahre 2008 ist allen noch schmerzhaft in Erinnerung und dürfte aber nur ein Vorbote für die weitere Entwicklung sein. Dass der Ölpreis weiter ansteigt, gilt mittlerweile als unbestritten. Preise von 200 US-Dollar pro Fass und darüber gelten unter Experten nicht mehr als unwahrscheinlich. Der Chefökonom der Internationalen Energieagentur (IEA) der OECD, Fatih Birol, sagte in einem Interview: „Wir glauben, dass das Fördermaximum von konventionellem Erdöl bereits 2006 erreicht wurde und daher brauchen wir Öl aus anderen Quellen wie etwa aus Ölsand, um den Markt wieder ins Gleichgewicht zu bringen. Aber das ist sehr schwierig und deshalb glauben wir, dass das Zeitalter des billigen Öls für immer vorbei ist".[41]

Wir befinden uns bereits mitten in den Kämpfen um die Endverteilung der verbleibenden Erdölreserven, die Aufstände in Nordafrika und im Nahen Osten können nicht unabhängig davon betrachtet werden. Dabei stecken die USA und ihre europäischen Verbündeten allerdings in einer Zwickmühle: Einerseits können sich die Alliierten, nach Irak und Afghanistan und vielleicht Libyen, einen weiteren Kriegsschauplatz mit unkontrollierbarem Ausgang nicht leisten. Andererseits ist ihre Abhängigkeit vom Öl zu groß, als dass sie auf den Zugriff – mit welchen Mitteln auch immer – verzichten könnten.

1) Yergin, S. 843
2) Hans Benedict, Kirschen aus Sidon. Der Nahost-Konflikt in der Darstellung eines Augenzeugen, Goldmann, Wien-München 1991, S. 453
3) Reinhard Schulze, Geschichte der Islamischen Welt im 20. Jahrhundert, C. H. Beck, München 1994, S. 293
4) Hans Krech, Vom II. Golfkrieg zur Golf-Friedenskonferenz, Edition Temmen, Bremen 1991, S. 32
5) ebd., S. 36
6) ebd., S. 35
7) Benedict, S. 455
8) Schulze, S. 295
9) Krech, S. 37
10) ebd., S. 4
11) ebd., S. 45
12) Yergin, S. 950
13) ebd., S. 950
14) Spiegel 10/1991, S. 161
15) Spiegel 10/1991, S. 163
16) Udo Ulfkotte, Verschlusssache BND, Koehler & Amelang, München-Berlin 1997, S. 56
17) ebd., S. 56
18) ebd., S. 57
19) Frankfurter Rundschau, 26.5.1992
20) Kurt Holden, Timing of December Air Strikes on Iraq Invites Debate on President Clinton's Motives, Washington Report on Middle East Affairs, März 1999, S. 24–26
21) H. Kissinger, Mission Accomplished?, online focus, 21.12.1998
22) Sponeck/Zumach, Irak – Chronik eines gewollten Krieges, Kiepenheuer und Witsch, Köln 2003, S. 89
23) Greg Palast, Secret US plans for Iraq's oil, BBC-News, 17.3.2005
24) Hans von Sponeck und Denis Halliday, The hostage nation, The Guardian, 29.11.2001
25) Die Süddeutsche Zeitung, 14.1.2004
26) Robert Weissman, Greenspan, Kissinger: Oil drives U.S. in Iraq, Iran, Huffington Post, 17.9.2007
27) The Guardian, 29.11.2001
28) Mirjam Hägele, Bush als Präsident – Kleiner außenpolitischer Rückblick, Die Süddeutsche Zeitung, 27.2.2004
29) Severin Weiland, Wirbel um US-Geständnis – Lügen, Lügen, Lügen, Der Spiegel online, 30.5.2003
30) Graham Paterson, Alan Greenspan claims Iraq war was really for oil, The Sunday Times, 16.9.2007
31) Die Süddeutsche Zeitung, 1.8.2003
32) Der Stern, 23.4.2003
33) ARD-Tagesschau, 27.3.2011
34) David M. Herszenhorn, Estimates of Iraq War Cost Were Not Close to Ballpark, New York Times, 19.3.2008
35) Thomas Avenarius, Ölkonzerne im Irak – Fördern – und fordern, Die Süddeutsche Zeitung, 19.6.2008
36) Aslam Farouk-Alli, Middle East was born in Crises, Aljazeera, 15.3.2011
37) ebd.
38) BP Statistical Review of World Energy, Juni 2008
39) A. Oldag und K.-H. Büschemann, Unruhen in Libyen – Angst vor einer neuen Ölkrise, Die Süddeutsche Zeitung, 23.2.2011
40) Interview mit Werner Zittel, Ölpreis bedroht den Aufschwung – Experten erwarten 2011 neue Rekordpreise, Westdeutscher Rundfunk, 3.1.2011
41) ebd.

05

Krisenherd Mittelasien

Der Ort der Begierde

Sieben Jahrzehnte lang, von der Oktoberrevolution bis zum Zerfall der Sowjetunion, waren die gigantischen Ölreserven im Gebiet des Kaukasus und des Kaspischen Meeres nur einmal – durch den Einmarsch der Hitlerarmee – ernsthaft gefährdet, der zentralen Kontrolle der eisernen Hand des kommunistischen Regimes zu entgleiten. Die Sowjetherrscher, von Lenin bis Gorbatschow, mischten zwar im täglichen Spiel um den fallenden und steigenden Rohölpreis mit, aber die Besitzverhältnisse der Rohstoffvorkommen standen außer Diskussion. Formal gehörten sie dem Sowjetvolk, tatsächlich den staatlichen Firmen und so der über allem stehenden Kommunistischen Partei. Mit dem schrittweisen Zerfall der Sowjetunion zu Beginn des letzten Jahrzehnts des 20. Jahrhunderts hat der große Run auf die Bodenschätze, vor allem im

Gebiet des Kaukasus, des Transkaukasus und östlich des Kaspischen Meeres, eingesetzt. Es ist ein Rausch um das Schwarze Gold und um Erdgas, wie ihn die Welt zuvor kaum je gesehen hat. Der Rohstoffreichtum der jetzt mehr oder weniger selbstständigen Staaten um das Kaspische Meer ist Segen und Fluch zugleich. Alles deutet darauf hin, dass auf Dauer die Probleme überwiegen werden.

Die Problemzone zieht sich von der türkisch-iranischen Grenze mit den Staaten Aserbaidschan, Armenien, Georgien über Tschetschenien und Dagestan entlang des Kaspischen Meeres nach Kasachstan im Norden; von dort über Usbekistan und Turkmenistan wieder nach Süden zurück zur iranischen und afghanischen Grenze, dann weiter nach Osten über Tadschikistan und Kirgistan bis zur chinesischen Grenze. In all diesen Ländern hat ein brutaler Wettlauf um die Ausbeutung von Erdöl- und Erdgasvorkommen eingesetzt. Es geht um unendlich viel Geld. Als Beispiel: Der Präsident von Kasachstan, Nursultan Nasarbajew, schätzt, dass „allein zur Erschließung der kasachischen Erdölreserven im Kaspischen Meer ungefähr 150 Milliarden Dollar erforderlich wären. Die geprüften Off-shore-Reserven in der zweitgrößten GUS-Republik werden auf ungefähr zehn Milliarden Tonnen Erdöl und zwei Billionen Kubikmeter Erdgas geschätzt.“[1)]

Der Rohstoffreichtum der jetzt mehr oder weniger selbstständigen Staaten um das Kaspische Meer ist Segen und Fluch zugleich. Alles deutet darauf hin, dass auf Dauer die Probleme überwiegen werden.

Mittelfristig gesehen ist das Gebiet wahrscheinlich der gefährlichste und explosivste Krisenherd der Welt. Es befindet sich zwischen zwei „schlafenden Bären“, nämlich Russland und China, ist im Süden begrenzt von den hungrigen Wölfen Türkei, Iran, Afghanistan und Pakistan. Die verhältnismäßig jungen Staaten sind im Auf- und Umbruch. Nach sieben Jahrzehnten Kommunismus, innerhalb von Stalin willkürlich gezogener Grenzen lebend, sind sie unfähig zur Demokratie und haben keine Zeit zum kontinuierlichen Aufbau sozialer Strukturen für eine stabile Eigenständigkeit. Zu stark ist der Druck von außen, gleichgültig, ob er über die Religion – vorwiegend den islamischen Fundamentalismus –, über russisches Militär, über das Schüren ethnischer Differenzen, über Petro-Dollars oder -Rubel ausgeübt wird. Das Fehlen brauchbarer Verwaltungsstrukturen fördert die Korruption und gibt der Mafia fruchtbaren Nährboden.

Mittelfristig gesehen ist das Gebiet wahrscheinlich der gefährlichste und explosivste Krisenherd der Welt. Es befindet sich zwischen zwei „schlafenden Bären", nämlich Russland und China, ist im Süden begrenzt von den hungrigen Wölfen Türkei, Iran, Afghanistan und Pakistan.

Die jungen Staaten befinden sich auch geografisch in einem Würgegriff. Bis auf Georgien hat keines der Länder direkten Zugang zum Meer. Daher kommt den Transportmöglichkeiten für Öl und Gas annähernd die gleiche Bedeutung zu wie dem Vorhandensein der Rohstoffe. Wer die Pipelines besitzt, wird im 21. Jahrhundert auch die Macht über die Lieferländer haben, aber ebenso über die Verbraucherländer. Die Pipelines werden die Nabelschnüre der Industriegesellschaft sein, mit all ihrer Verletzlichkeit, insbesondere im Erdgasbereich, wo die Flexibilität beim Ausfall der Versorgung – ob aus politischen und/oder technischen Gründen – relativ gering ist. Bereits in den ersten Jahren der neuen „Freiheit" für die Staaten der ehemaligen Sowjetunion hat der Ressourcenkampf hunderttausende Opfer gefordert. Viel mehr als die gefürchtete Rache an den jahrzehntelang herrschenden kommunistischen Despoten oder als tatsächliche ethnische Konflikte. So gut wie kein Land entging bürgerkriegsähnlichen Zuständen, bei vielen handelte es sich um Grenzstreitigkeiten und dort, wo die meisten Rohöl- und Erdgasreserven vermutet werden, vorwiegend um die Absicherung der Machtansprüche. Die Rolle, welche die Russen dabei spielen, beschreibt Rainer Freitag-Wirminghaus, Mitarbeiter des deutschen Orient-Instituts in Hamburg: „Das Muster des russischen Vorgehens auf dem Kaukasus ist stets das gleiche: Erst nutzt Moskau den Konflikt aus, dann schürt es ihn, um sich am Ende als Friedensmacht zu präsentieren."[2] Als Beispiel

Wer die Pipelines besitzt, wird im 21. Jahrhundert auch die Macht über die Lieferländer haben, aber ebenso über die Verbraucherländer.

nennt Freitag-Wirminghaus den Konflikt zwischen Georgien und Armenien: „Nachdem der Konflikt zum Krieg eskaliert war, stand Moskau als Vermittler bereit. Inzwischen hat Russland sowohl mit Armenien als auch mit Georgien Abkommen über die Stationierung russischer Truppen geschlossen.“[3)]

Das Muster des russischen Vorgehens auf dem Kaukasus ist stets das gleiche: Erst nutzt Moskau den Konflikt aus, dann schürt es ihn, um sich am Ende als Friedensmacht zu präsentieren.

Russland weist selbst eine starke Erdöl- und Erdgasindustrie auf, die schon als Staat im Staate gehandelt wird, und blickt eifersüchtig auf die Entwicklung im mittelasiatischen Gebiet, wo amerikanische, arabische, japanische, chinesische und europäische Erdölkonzerne drauf und dran sind, sich die Ressourcen zu sichern und aufzuteilen. Der russische Pokerpartner soll einerseits durch die ständige Erhöhung des Spielkapitals vom Tisch gedrängt und andererseits durch den Bau von Pipelines außerhalb seines Gebietes umgangen werden. Allein im Jahre 1996 flossen 2,5 Milliarden Dollar an Westinvestitionen in die Erdölgebiete rund um das Kaspische Meer, 1997 waren es bereits 5 Milliarden Dollar, davon der Löwenanteil nach Aserbaidschan und nach Kasachstan.[4)]

Der Wettlauf um die Pipelines

Mit der Jahrtausendwende hat die Zeit des großen Pipelinebaues begonnen. Technisch kaum vorstellbare Pläne werden verwirklicht, etwa der Bau der sogenannten russischen Blue Stream Pipeline, eine Gasleitung von 396 Kilometern Länge durch das Schwarze Meer von Russland in die Türkei in einer Tiefe von 2150 Metern, die 2005 offiziell eröffnet wurde.[5)] Die von Russland geplante South Stream Pipeline soll russisches Erdgas ebenso tief unter dem Schwarzen Meer, über Bulgarien oder Rumänien, nach Österreich und Italien transportieren. Der Baubeginn ist für 2013 geplant. Die Kosten werden dabei auf bis zu 25 Milliarden Euro geschätzt.[6)] Die sogenannte Nord Stream Pipeline soll hingegen russisches Erdgas ab 2011 von Russland durch die Ostsee nach Deutschland bringen. Eine zweite, parallel laufende Pipeline soll 2012 in Betrieb gehen – die Erdgaslieferungen beider Pipelines betragen dann rund

55 Milliarden Kubikmeter pro Jahr. Die Gesamtinvestitionen für dieses Projekt belaufen sich dabei auf 7,4 Milliarden Euro.

Was es bedeutet, von Erdgaslieferungen abhängig zu sein, bekam die Europäische Union im bitterkalten Januar 2009 zu spüren, als Russland im Gasstreit mit der Ukraine den Gashahn für mehrere Tage zudrehte. Seitdem arbeitet die EU noch fieberhafter an den Plänen der 3900 Kilometer langen Nabucco-Pipeline, die – in Konkurrenz zur russischen South Stream Pipeline – Erdgas vom Kaspischen Meer über eine Pipeline an Russland vorbei von der georgisch-türkischen bzw. der irakisch-türkischen Grenze über Bulgarien, Rumänien und Ungarn bis nach Österreich transportieren soll. Doch der Baubeginn wurde schon mehrfach verschoben Denn bereits im Vorfeld tun sich starke Zweifel auf, ob die potenziellen Lieferländer überhaupt genügend Erdgas bereitstellen können. Aserbaidschan gilt als einzig zuverlässiges Lieferland, allerdings dürften die Ressourcen des Gasfeldes Shah Deniz II lediglich bis 2018 ausreichen.[7] Daher setzt die EU ihre Hoffnung auf Turkmenistan, dessen Umfang der Gasreserven zum einen aber umstritten ist, zum anderen hat das Land bereits einen Großteil seiner Fördermenge Russland, dem Iran und China zugesichert. Iranisches Erdgas dürfte für die Nabucco-Pipeline von Vornherein ausscheiden – zu eng sind die Verbindungen einzelner EU-Mitgliedsstaaten zur USA, zu deren Erzfeind der Iran zählt. Ob Nabucco die Erdgasabhängigkeit der EU von Russland künftig reduzieren wird, ist daher mehr als fraglich. Nabucco-Geschäftsführer Reinhard Mitschek gestand in einem Interview offen ein: „Ich kann nicht ausschließen, dass künftig auch russisches Gas über die Pipeline transportiert wird."[8] Die Entscheidung, ob die Nabucco-Pipeline tatsächlich gebaut wird, ist nach wie vor offen. Angesichts der ungeklärten Frage nach den Gaslieferungen für die Pipeline und der mittlerweile auf das Doppelte explodierten Baukosten auf 12–15 Milliarden Dollar wäre es nicht verwunderlich, wenn dieses Vorhaben scheitert.[9]

Was es bedeutet, von Erdgaslieferungen abhängig zu sein, bekam die Europäische Union im bitterkalten Januar 2009 zu spüren, als Russland im Gasstreit mit der Ukraine den Gashahn für mehrere Tage zudrehte.

Kampfplatz Afghanistan

Während im Norden von Kasachstan eine 3000 Kilometer lange Pipeline nach China gebaut wurde, die zwar von der Länge her gigantisch ist, aber nicht durch effektives Feindesland führt, gibt es im Osten des Kaspischen Meeres von Turkmenistan aus zwei Auswege: einen über den Iran, den anderen über Afghanistan. Afghanistan befindet sich in einem Krieg, der mit dem Abzug der Sowjets 1989 erst richtig begonnen hat, und es zeichnet sich bereits jetzt ab, dass auch nach der US-Invasion 2001 und dem geplanten Abzug der NATO-Truppen im Jahre 2014 kein Friede in Afghanistan einkehren wird. Das aus dem Roman von Rudyard Kipling bekannte „Great Game", in dem es zwischen dem britischen Königreich und Russland um die Vorherrschaft in Zentralasien geht, findet in einer Neuauflage statt. Mit einem Unterschied: Die Gegenspieler heute sind die USA und Russland. Während Russland die Pipelines über sein Territorium unter Kontrolle haben will, suchen die USA fieberhaft nach einem Weg, um die weltweit größten noch unerschlossenen Erdöl- und Erdgasvorkommen im Kaspischen Meer, an Russland vorbei, abzutransportieren. Eine Route durch den Iran, Amerikas Erzfeind, ist dabei ausgeschlossen.[10)]

Das aus dem Roman von Rudyard Kipling bekannte „Great Game", in dem es zwischen dem britischen Königreich und Russland um die Vorherrschaft in Zentralasien geht, findet in einer Neuauflage statt. Mit einem Unterschied: Die Gegenspieler heute sind die USA und Russland.

Bereits nach dem Einmarsch der Sowjets entwickelte sich in Afghanistan so etwas wie ein Stellvertreterkrieg zwischen den damaligen Supermächten USA und Sowjetunion. Die Sowjets marschierten schrittweise 1979 in Afghanistan ein, offiziell von der dortigen Bruderpartei unter Hafizullah Amin geduldet. Tatsächlich schielten sie auf eine Erweiterung ihres strategischen und militärischen Einflussbereiches und natürlich auch auf die Ölvorräte am Golf, denen sie mit einer Kontrolle über Afghanistan einen Schritt näher gekommen wären.

Die Kommunisten gelangten am 27. April 1978 durch einen Militärputsch an die Macht. Das war auch das Startsignal für China, Pakistan, Saudi-Arabien und die USA, die moslemisch-fundamentalistischen Mudjahedin im Kampf gegen die kommunistische Regierung zu unterstützen Am 27. Dezember 1979 stürmten Fallschirmjäger der Sowjetarmee das Innenministerium in Kabul, eine KGB-Spezialeinheit eroberte den Präsidentenpalast, tötete den Präsidenten Hafizullah Amin, der selbst erst einige Monate zuvor durch einen Putsch gegen seinen Vorgänger Nur Mohammed Taraki an die Macht gekommen war, und setzten Babrak Karmal als Präsidenten ein. Das Ergebnis war ein Bürgerkrieg zwischen der kommunistischen Marionettenregierung und den Mudjahedin. Der amerikanische Geheimdienst bildete die Widerstandskämpfer aus und schleuste sie, versehen mit modernsten Waffen, über Pakistan zurück in das Land. Saudi-Arabien überwies den Mudjahedin eine Starthilfe von 24 Millionen US-Dollar. „Die Unterstützung der Reagan-Administration belief sich im Zeitraum zwischen 1980 und 1983 auf jährlich 30–50 Mio. US-Dollar. 1987 erreichte sie schon 710 Mio. US-Dollar, wobei davon 670 Mio. US-Dollar für Waffenlieferungen ausgegeben wurden. Insgesamt sollen die finanziellen und materiellen Unterstützungsleistungen der USA für die Mudjahedin im Zeitraum vom Beginn des Krieges bis 1992 einen Wert von 2 Mrd. US-Dollar gehabt haben.“[11)] Das Geld war mit Sicherheit nicht als Sozialhilfe, sondern als langfristige Investition gedacht.

Gleichzeitig mit dem Widerstand in Afghanistan schürte die CIA bereits nationalistische Bestrebungen in der Sowjetunion durch Koran-Lieferungen nach Usbekistan und literarisches Material über usbekische Volkshelden, wohl wissend, dass auch dort die islamischen Fundamentalisten eine wichtige Hilfe gegen die Sowjets sein könnten. Die afghanische Besetzung endete mit einem Vietnam-Desaster für die Sowjetunion. Die große Sowjetarmee konnte den afghanischen Widerstand nicht unter Kontrolle bringen. Am 15. Februar 1988 zog der letzte Sowjetsoldat ab, ohne dass sich daraus Frieden entwickeln konnte.

Muhammad Najibullah, der 1986 Babrak Karmal abgelöste hatte, hielt sich ohne die Sowjets noch bis 1992 in Kabul, wo er erst durch den Verrat des Usbekenführers General Abdul Rashid Dostum, der zu den Mudjahedin überwechselte und so die Hauptstadt in deren Hände lieferte, gestürzt werden konnte. Najibullah konnte sich vorerst in eine UNO-Mission retten und wurde 1997 gemeinsam mit seinem Bruder gelyncht. Am 27. April 1992 wurde der islamische Staat Afghanistan ausgerufen und die Scharia als Grundlage der Rechtsprechung eingeführt, mit allen Folgen vom Schleierzwang bis zum Bildungsverbot für Frauen und öffentlicher Steinigung bei Ehebruch. Zur Ruhe kam Afghanistan damit noch lange nicht. Der Bürgerkrieg mit wechselndem Geschick für die einzelnen Gruppen dauert an. Rund 1,7 Millionen Afghanen fanden im Bürgerkrieg den Tod, 5 Millionen sind ins Ausland geflüchtet, 2 Millionen innerhalb des Heimatlandes vertrieben worden. 1996 übernahmen die Taliban die Macht und errichteten ein Islamisches Emirat Afghanistan, unterstützt von den amerikanischen Verbündeten Pakistan und Saudi-Arabien.[12)] Die USA witterten ihre Chance zum Bau einer Pipeline, mit der Erdgas aus dem Kaspischen Meer von Turkmenistan, durch Afghanistan zu Häfen in Pakistan transportiert werden sollte. Vom Taliban-Regime versprach sich die US-Regierung den Stabilitätsgaranten, den sie für die Verwirklichung des Pipelineprojekts benötigte. Menschenrechtsverletzungen, wie die Unterdrückung der Frauen in Afghanistan, spielten dabei keine Rolle.[13)]

Vom Taliban-Regime versprach sich die US-Regierung den Stabilitätsgaranten, den sie für die Verwirklichung des Pipelineprojekts benötigte.

Bereits 1995 schloss das unter amerikanischer Federführung stehende Konsortium „Unocal" eine Vorvereinbarung mit den Taliban – mit anwesend bei der feierlichen Unterzeichnung war der Ex-US-Außenminister und damalige Unocal-Berater Henry Kissinger.[14)] Dass das argentinische Öl-Unternehmen Bridas bereits 1991 in die Erdgasförderung in Turkmenistan investierte, über die Durchleitungsrechte durch Turkmenistan und Pakistan verfügte und darüber hinaus 1996 eine Zustimmung für den Bau einer Pipeline aller kriegführenden Parteien in Afghanistan einschließlich der Taliban erhalten hatte, schien für Unocal kein Hindernis zu sein: Auf massiven Druck der USA gelang es, dass Pakistan und Turkmenistan die mit Bridas geschlossenen Verträge brachen und Unocal als Gewinner hervorging. Doch nachdem 1997 die USA den

Taliban zu niedrige Transitgebühren in Aussicht stellten, verhandelten die Taliban nicht nur mit Unocal weiter, sondern nahmen auch, weniger zur Freude der Amerikaner, die Gespräche mit Bridas wieder auf.[15] 1998, zehn Jahre nach Rückzug der Sowjets aus Afghanistan, investierten die US-Firma Unocal und deren Verbündete, die saudische Delta Oil, Millionen Dollarbeträge zur Unterstützung der islamischen Fundamentalisten und hielten so den Bürgerkrieg am Leben, mit dem Ziel, von den siegreichen Islamisten Durchleitungsrechte für Pipelines aus Turkmenistan zu erhalten und den Zugriff auf die Erdöl- und Erdgasvorkommen im Norden Afghanistans abzusichern. Die investierten Milliarden müssen sich für die Geldgeber einmal rechnen, entsprechend erbittert wurden die Auseinandersetzungen fortgesetzt.

Auf massiven Druck der USA gelang es, dass Pakistan und Turkmenistan die mit Bridas geschlossenen Verträge brachen und Unocal als Gewinner hervorging.

Am 7. August 1998 werden gleichzeitig Autobomben auf zwei US-Botschaften in Kenia und Tansania gezündet. Der Anschlag wird regionalen Aktivisten des Terrornetzwerkes Al-Qaida unter Anführung von Osama bin Laden zugeordnet. Die US-Regierung Clinton antwortet mit Raketen-Angriffen auf Ziele in Afghanistan und Sudan, wo terroristische Waffenlager und Trainingslager von Al-Qaida vermutet wurden.[16] Im Dezember 1998 zieht sich Unocal aufgrund zunehmenden öffentlichen Drucks – ausgehend auch von amerikanischen Frauenrechtsbewegungen, die die Situation der Frau in Afghanistan anprangern – vom Pipelineprojekt zurück.[17]

Im April 1999 verkündeten Pakistan, Turkmenistan und die Taliban, das Pipelineprojekt wiederbeleben zu wollen. Daraufhin erhöhten die USA den Druck auf die Taliban weiter. Die US-Regierung Clinton vereinbarte bereits 1999 mit der damaligen Regierung Pakistans unter Premierminister Nawaz Sharif eine Geheimoperation, um Osama bin Laden zu töten. Im Gegenzug versprachen die USA, die Sanktionen gegen Pakistan aufzuheben und sagten ein wirtschaftliches Hilfspaket zu. Der Plan wurde allerdings fallen gelassen, als der pakistanische Premierminister Sharif in einem Militärputsch am 12. Oktober 1999 gestürzt wurde.[18] Im Jahre 2000 setzten die USA ihre Umsturzversuche gegen Osama bin Laden fort. Am 12. Oktober 2000 wird schließlich im Golf von Aden ein Anschlag auf das US-Kriegsschiff „USS-Cole" im Hafen vor der südjemenitischen Stadt Aden verübt. Zu dem Attentat, bei dem 17 Matrosen ums Leben kamen, bekannte sich das Al-Qaida-Netzwerk von Osama bin Laden.[19] Ein knappes Jahr darauf treffen die verheerenden Terroranschläge vom 11. September 2001, für die Osama bin Laden und sein Terrornetzwerk Al-Qaida verantwortlich gemacht werden, Amerika nicht nur hart, sondern leiten auch eine entsprechende Wende der US-Politik in Afghanistan ein: Die USA – gemeinsam mit Großbritannien – begannen am 7. Oktober 2001 Afghanistan zu bombardieren, mit der Begründung, weil das Taliban-Regime den US-Forderungen, Osama bin Laden auszuliefern, nicht nachgekommen war.[20]

Über die Echtheit des Videos, in dem sich Osama bin Laden zu den Anschlägen vom 11. September bekannte, tauchten jedoch bald Zweifel auf. Das deutsche TV-Politmagazin „Monitor" und das deutsche Nachrichtenmagazin „Der Spiegel" stellten fest, dass „das von der US-Regierung veröffentlichte Video mit einem Quasi-Geständnis des Topterroristen Osama Bin Laden an entscheidenden Stellen manipuliert" wurde.[21] So seien „in der vom Pentagon herausgegebenen englischen Übersetzung des ‚Geständnisses' an gravierenden Stellen Bezüge hineinformuliert, aus denen eine eindeutige Täterschaft Bin Ladens abgeleitet werden kann. So würden etwa Zeitbezüge hergestellt, die angeblich sein Vorwissen belegen, in der arabischen Originalversion aber nicht auftauchten."[22]

Erste Vermutungen, dass der Angriff auf Afghanistan schon vor den Terroranschlägen vom 9. September geplant war, wurden ebenfalls bald danach laut. Gegenüber BBC erzählte der ehemalige außenpolitische Staatssekretär Pakistans, Niaz Naik, dass er bereits Mitte Juli 2001 von US-Beamten über einen bevorstehenden militärischen Angriff auf Afghanistan informiert worden sei, mit dem Ziel, das Taliban-Regime zu stürzen und eine gemäßigte afghanische Übergangsregierung einzurichten.[23]

Nachdem das Taliban-Regime gestürzt und Afghanistan besetzt war, wurde die Suche nach Al-Qaida-Mitgliedern, vor allem nach deren Anführer Osama bin Laden, fortgesetzt. Von der US-Regierung wurde eine afghanische Übergangsregierung mit dem Präsidenten Hamid Karzai eingerichtet. Interessanterweise hatte Hamid Karzai vor der US-Invasion in Afghanistan das US-Konsortium Unocal in Verhandlungen um die Pipeline mit den Taliban repräsentiert, wie die Zeitschrift „Le Monde Diplomatique" berichtete.[24)] Auch in den Medien tauchten schon kurze Zeit nach dem Militäreinsatz erste Berichte über den wohl wahren Kriegsgrund auf: „Ein Krieg um Pipelines?" lautete die „BBC News"-Überschrift im November 2001 und sprach die Vermutung vieler aus, nämlich, dass der wahre Hintergrund der US-Militäraktion folgender war: „die Pipeline wiederzubeleben und für US-Firmen den Weg zu öffnen, Anlagen zu bauen, um zentralasiatisches Öl zu transportieren."[25)]

Schon im März 2002 reiste der afghanische Interimspräsident Karzai nach Turkmenistan und nahm die Verhandlungen über das „alte" Gaspipeline-Projekt wieder auf. Und siehe da, noch im selben Jahr einigten sich schließlich Turkmenistan, Afghanistan und Pakistan auf ein Übereinkommen zum Bau der 1500 Kilometer langen Gaspipeline von Turkmenistan über Afghanistan nach Pakistan.[26)] Nicht gerechnet haben die Kriegsanführer jedoch damit, dass auch nach der Besetzung Afghanistans noch lange keine für den Bau der Pipeline notwendige Stabilität einkehren würde. Aufgrund von Sicherheitsrisiken – die Pipeline führt durch nach wie vor von Taliban kontrollierte Teile Afghanistans – und aufgrund einer unklaren Finanzierung der veranschlagten 3,5 Milliarden US-Dollar musste das Pipelineprojekt schließlich auf unbestimmte Zeit verschoben werden.[27)] „Außerdem gehen etliche Experten davon aus, dass die Vorkommen in Turkmenistan nicht korrekt eingeschätzt wurden", zitiert „Le Monde Diplomatique" einen Spezialisten für Russland und Zentralasien.[28)]

Osama bin Laden selbst blieb bis 2010 unentdeckt, in der Nacht zum 2. Mai 2011 wurde er auf Befehl des US-Präsidenten Barack Obama in einem Anwesen in Pakistan erschossen, ohne Anklage, ohne Prozess, ohne dass die Weltöffentlichkeit einen Leichnam zu Gesicht bekam, da man den Toten sofort im Meer beisetzte. Für US-Präsident Obama hinreichend genug, das Gesicht nicht zu verlieren und einen Abzug der Truppen ab Juli 2011 einzuleiten.[29] Eines hat sich mit Sicherheit bereits abgezeichnet: Die USA sind mit ihrer Militärinvasion in Afghanistan gescheitert. Das große Spiel im Zugang zu den Energie-Ressourcen haben vorläufig andere gemacht: Während die USA und ihre Verbündeten über zehn Jahre versuchten, Afghanistan und die Taliban unter Kontrolle zu bekommen, um Erdgas von Turkmenistan durch ein sicheres Afghanistan nach Pakistan zu leiten, haben Russland, China und der Iran die entscheidenden Erdgasverträge mit Turkmenistan unter Dach und Fach gebracht.

Eines hat sich mit Sicherheit bereits abgezeichnet: Die USA sind mit ihrer Militärinvasion in Afghanistan gescheitert. Das große Spiel im Zugang zu den Energie-Ressourcen haben vorläufig andere gemacht.

Obwohl das wirtschaftliche Engagement im Iran noch unter amerikanischem Bannfluch steht, ist er ein gern gesehener Trumpf Turkmenistans gegen Moskau. Während in Turkmenistan Zwietracht mit Moskau herrscht, da man sich über Durchleitungsmodalitäten für Erdgas in Richtung Westen nicht einigen konnte, eröffnete um die Jahreswende 1997/98 der turkmenische Präsident Nijasow gemeinsam mit dem iranischen Präsidenten Khatami eine 200 Kilometer lange Gasleitung bis in den Nordiran, zur Versorgung der dortigen Kraftwerke. Zwischen dem damaligen russischen Ministerpräsidenten Wiktor Tschernomyrdin und dem turkmenischen Präsidenten Nijasow herrschte Streit darüber, ob die Russen den Turkmenen die Leitungen gegen eine Gebühr zur Verfügung stellen oder ob sie ihr Gas an die Russen verschachern müssen, die es dann gewinnbringend weiterverkaufen. Der Streit hat insofern politische Brisanz, als Turkmenistan ein treuer Gefolgsstaat Russlands war und jetzt im Lichte des Erdgasstreites sich stärker für eine Staatenkonföderation mit Usbekistan, Tadschikistan, Kasachstan und Kirgistan engagiert. So verkaufte Turkmenistan 2006 noch vier Fünftel seiner Gasreserven an Russland in dessen Würgegriff weit unter dem Marktpreis. Worauf Turkmenistan ein Abkommen mit China schloss und eine 1800

Kilometer lange Gaspipeline 2009 von Turkmenistan durch Usbekistan und Kasachstan in die chinesische Provinz Xinjiang eröffnete. Peking gewann damit bedeutenden Einfluss in der lange in russischer Hand befindlichen Region.[30)]

2010 eröffnete Turkmenistan schließlich eine weitere Gasleitung in den Iran, die Dauletabad-Sarakhs-Khangiran-Pipeline, wodurch Russlands Einfluss weiter geschmälert wurde. „Die Energiekarte ist damit neu gezeichnet, denn Turkmenistan hat somit seinen gesamten Gasexport China, Russland und dem Iran zugesichert", äußerte sich ein indischer Spitzendiplomat gegenüber der „Asia Times".[31)] Folglich kann die US-Pipeline-Diplomatie im Kampf um die Energieressourcen aus dem Kaspischen Meer und damit auch Europas Nabucco-Projekt mit dem Versuch, Russland zu umgehen, China zu verdrängen und den Iran zu isolieren, als gescheitert betrachtet werden.

Peking gewann damit bedeutenden Einfluss in der lange in russischer Hand befindlichen Region.

Aber auch der Westen hat trotz aller ideologischen Bedenken ein Interesse daran, den Iran zu durchqueren. So führte Shell eine Machbarkeitsstudie über den Bau einer 1500 Kilometer langen Gasleitung von Ostturkmenistan über den Nordiran in die Türkei mit einem Finanzvolumen von 1,6 Milliarden Dollar durch. Ein russisch-französisches Konsortium plant trotz amerikanischer Drohung mit massiven Wirtschaftssanktionen ebenfalls eine Leitung durch den Iran. Aber auch die Amerikaner selbst durchbrechen ihre eigenen Vorschriften, wenn es um die Aussicht auf großes Geld geht. Das amerikanische D'Amato-Gesetz sieht massive Sanktionen in Form eines Handelsembargos gegen Personen und ausländische Firmen vor, die mehr als 40 Millionen US-Dollar pro Jahr in den Öl- oder Gassektor Irans bzw. Libyens investieren. Allerdings zeigt sich seit Mitte 1997, dass die Politik dort ihr Recht verloren hat, wo es um Öl geht. So gestattete im August 1997 Bill Clinton amerikanischen Ölfirmen, sich an der geplanten 3200 Kilometer langen Erdgaspipeline von Kasachstan und Turkmenistan in die Türkei zu beteiligen, die über 1268 Kilometer durch den Iran gehen soll. Offizielle Version Amerikas: eine

Goodwill-Aktion gegenüber dem gemäßigten Präsidenten Khatami, der am 3. August 1997 sein Amt antrat. Die Iraner sitzen auf einer sogenannten Doppelmühle: Einerseits nehmen sie gerne von Europäern, Amerikanern und wer sonst noch zu geben bereit ist, andererseits halten sie es auch mit den Russen. Der Iran bemüht sich aktiv, auf jeden Fall Anschluss an die Erdöl- und Erdgasfelder der transkaukasischen Staaten zu erhalten, und könnte in Zukunft bei einer Rebellion einzelner kaukasischer Staaten gegen Russland mit Moskau eine Achse bilden. Ansätze einer strategischen Partnerschaft, sowohl im energiepolitischen als auch im militärischen und im nuklearen Bereich, gibt es bereits. Einzelne Kaukasusstaaten befänden sich dann im Konfliktfall zwischen den Russen und den Iranern.[32)] Auch eine Lösung, dass sich die Iraner gegen Russland stellen, um wiederum mehr direkten Einfluss – vor allem bei der Islamisierung einzelner Staaten – zu erhalten, ist möglich.

Pipeline von Baku nach Ceyhan

Die nächste Abtransportmöglichkeit aus dem Kaspischen Meer führt über die Türkei. Dies gilt vor allem für die Staaten im Südwesten des Kaspischen Meeres, im Besonderen für das reiche aserbaidschanische Gebiet um Baku. Unmittelbar nach der Unabhängigkeitserklärung Aserbaidschans von der Sowjetunion streckte die Türkei ihre Fühler nach Baku aus. Auf gemeinsame kulturelle und sprachliche Wurzeln wurde verwiesen, regelmäßige Freundschaftsbesuche türkischer Minister und Regierungschefs standen auf der Tagesordnung.

Der türkische Wunsch, eine Pipeline von Baku zum türkischen Hafen Ceyhan zu bauen – ein Wunsch, hinter dem selbstverständlich auch Amerika stand –, wurde umgekehrt von Russland mit besonderem Argwohn beobachtet. Nachdem am 18. November 1999 die Präsidenten der Staaten Türkei, Georgien, Aserbaidschan und der USA in Istanbul eine Absichtserklärung zum Bau der Pipeline unterzeichnet hatten, wurde diese 1760 Kilometer lange sogenannte BTC-Pipeline (benannt nach den Städten Baku, Tiflis, Ceyhan) bereits 2005 gegen den Willen der Russen in Betrieb genommen. Um die Abhängigkeit vom russischen und arabischen Öl zu reduzieren, wurden Baukosten in der

Höhe von rund 2,5 Milliarden Euro nicht gescheut.[33] Mit der BTC-Pipeline, der zweitgrößten Ölpipeline der Welt, werden bei voller Auslastung pro Tag rund eine Million Barrel Rohöl von Aserbaidschan in die Türkei – an Russland, dem Iran und unsicheren arabischen Ländern vorbei – transportiert.[34] Die Federführung bei diesem gigantischen Projekt hatte der britische Erdölkonzern BP inne, der mit rund 30 Prozent der größte Anteilseigner unter den elf beteiligten Konzernen ist.[35] Das Problem der Türkei ist: Die Transportroute führt durch unsicheres kurdisches Gebiet, und da Pipelines besonders verletzlich sind, verstärkte man bereits im Vorfeld dieses Planes neuerlich den Druck auf die Kurden, was zu Emigrationsbewegungen Richtung Europa führte. Eine Pipeline durch das „Wilde Kurdistan", wie Karl May die Gegend nannte, wäre praktisch nicht zu bewachen, und die militärischen Sicherungskosten gingen ins Unendliche. Um dies zu vermeiden, planten Georgien, Aserbaidschan und die Türkei rechtzeitig eine Militärallianz zum Schutz der Pipeline.[36]

Die Transportroute führt durch unsicheres kurdisches Gebiet, und da Pipelines besonders verletzlich sind, verstärkte man bereits im Vorfeld dieses Planes neuerlich den Druck auf die Kurden, was zu Emigrationsbewegungen Richtung Europa führte.

Das explosive Konfliktpotenzial dieses Pipeline-Vorhabens lieferte Stoff für den James-Bond-Film aus dem Jahre 1999 „Die Welt ist nicht genug" mit Pierce Brosnan alias 007 und Sophie Marceau in der Rolle des Bösewichts. Im Film droht eine Atombombe im Bosporus zu explodieren, wodurch die Pipeline als einziger möglicher Lieferweg auf Jahrzehnte sichergestellt wäre. In der Realität versucht sich die Türkei durch ein zusätzliches Manöver unentbehrlich zu machen: Sie verbietet Supertankern das Passieren des Bosporus und weigert sich, ein modernes Navigationssystem zur besseren Durchfahrt durch die Meerenge zu installieren, sodass das Schwarze Meer wie ein Binnensee behandelt wird. Eine geplante Pipeline von Burgas in Bulgarien nach Alexandroupoli in Griechenland erfordert ein zweimaliges Be- und Entladen der Tankerflotten. In der Folge wird über den Bau einer weiteren Pipeline, mit einer Transportkapazität von 1,5 Millionen Fass Öl pro Tag, bereits diskutiert.[37] Das zweite Problem war der Konflikt zwischen Armenien und Aserbaidschan um Berg-Karabach, eine mehrheitlich von Armeniern bewohnte Enklave. Aufgrund des kriegsähnlichen Zustandes zwischen diesen beiden Staaten wurde Armenien von dem Pipelineprojekt bewusst ausgeschlossen, obwohl die Pipeline-Route durch Armenien die kürzere gewesen wäre.[38)]

In Konkurrenz zur türkischen Variante steht eine Pipeline, die Eduard Schewardnadse quer durch seinen Staat Georgien verwirklichte. Wie umstritten wiederum diese Pipeline ist, zeigt ein Granatenanschlag auf das Auto des Präsidenten am 10. Februar 1998, bei dem sein Leibwächter und sein Chauffeur getötet wurden. Schewardnadse benannte, nachdem er unverletzt dem gepanzerten Mercedes entstiegen war, „die Mächtigen im Ölgeschäft" als Täter. Georgien, pro forma unabhängig von Russland, aber nach wie vor mit russischen Truppen im Land, ist selbst enorm reich an Erdöl und verfügt über einen Verladehafen in Supsa. Vor allem Russland war gegen eine georgische Pipeline, die über weite Teile, wenn auch stark reparaturbedürftig, bereits vorhanden war, da auch sie den Westkonsortien die Umgehung russischen Gebietes ermöglicht. Aber auch für die Tschetschenen wäre sie unliebsame Konkurrenz, entsprechend ist auch von dort mit Anschlägen zu rechnen, und einer der Schewardnadse-Attentäter, der am Ort des Überfalles getötet wurde, war Tschetschene.

Erster Tschetschenien-Krieg

Tschetschenien ist Ende 1994 in den Blickpunkt der Weltöffentlichkeit gerückt, als der einzige Tschetschene, der es in der Sowjetarmee zum Luftwaffengeneral gebracht hatte, nämlich Dschochar Dudajew, die Unabhängigkeit des Landes von Moskau erklärte. Mit spektakulären Geiselnahmen auf russischem Gebiet hielten Dudajew und der legendäre Rebellenführer Salman Radujew die Weltöffentlichkeit wochenlang in Atem. Die russische Armee reagierte mit brutalen Militärschlägen und der totalen Zerstörung der Hauptstadt Grosny. Die tiefen Wunden werden über Generationen nicht verheilen. Die Tschetschenen waren immer ein sehr selbstbewusstes und freiheitsliebendes Volk, das erkannte schon der aus dem Nachbarland Georgien stammende Diktator Stalin, der

Hunderttausende nach Sibirien deportieren ließ. In einem erbitterten Guerillakrieg, der von Ende 1994 bis zum Frühjahr 1996 dauerte, erzwangen die Tschetschenen den Abzug der russischen Armee. Über 30.000 Tote blieben zurück. Über die Unabhängigkeit Tschetscheniens sollte zu Beginn des nächsten Jahrtausends entschieden werden – so stand es in einem Friedensvertrag, ausgehandelt mit Jelzins Emissär General Alexander Lebed. Die Russen gingen weder gerne noch freiwillig. Es stand jedoch Jelzins Sieg bei der Präsidentenwahl auf dem Spiel, denn er hatte im Vorfeld des Wahlkampfes Frieden in Tschetschenien versprochen. Für die russische Armee war der erzwungene Abzug eine wahrscheinlich noch größere Demütigung als die Afghanistan-Niederlage.

Als „Kriegsgewinner" agieren die Tschetschenen seither sehr selbstbewusst. So erhält der tschetschenische Erdölkonzern Junko 2,20 Dollar an Durchleitungsgebühr pro Tonne Erdöl. Ursprünglich wollten die Russen die Tschetschenen mit einer Pauschale von einer Million Dollar abspeisen, die Tschetschenen forderten aber 265 Milliarden Dollar an Wiedergutmachung von Kriegsschäden ein. 43 Cent werden als offizielle Durchleitungsgebühr bezahlt, der Rest auf 2,20 Dollar wird als Wiederaufbauhilfe deklariert, um Begehrlichkeiten anderer Durchleitungsvölker hintanzuhalten.[39)] Nur unter diesen Bedingungen waren die Tschetschenen bereit, jene 150 Kilometer Pipeline, die sie im Krieg zerstört hatten, reparieren zu lassen.

Zweiter Tschetschenien-Krieg

Russland verweigerte Tschetschenien die Anerkennung der Unabhängigkeit. Der Konflikt blieb ungelöst. Die russische Armee unter Ministerpräsident Wladimir Putin marschierte 1999 in Tschetschenien ein und startete den zweiten Tschetschenien-Krieg, der bis 2000 andauerte. Der Konflikt blieb jedoch ungelöst. 2002 stürmten tschetschenische Terroristen ein Theater in Moskau. Sie nahmen 700 Geiseln und forderten den sofortigen Abzug der russischen Truppen aus Tschetschenien. Bei der umstrittenen Befreiungsaktion kamen 127 Geiseln ums Leben. Der Kampf tschetschenischer Einheiten gegen Russland wurde fortgesetzt. 2004 stürmten tschetschenische Terroristen eine Schule in

Beslan und nahmen 1100 Geiseln – darunter vorwiegend Kinder – mit dem Ziel, den Abzug der russischen Truppen aus Tschetschenien zu erwirken. Die Verhandlungen blieben erfolglos, die Schule wurde von russischen Spezialeinheiten gestürmt, dabei kamen rund 300 Geiseln ums Leben. Für die Russen ist Tschetschenien strategisch zu wichtig, als dass sie es freiwillig in die Unabhängigkeit entlassen könnten. Der einfachste Weg, Erdöl und Erdgas aus Baku und den umliegenden Fördergebieten nach Noworossijsk ans Schwarze Meer zu transportieren, geht über Tschetschenien.

Für die Russen ist Tschetschenien strategisch zu wichtig, als dass sie es freiwillig in die Unabhängigkeit entlassen könnten.

Russland bemühte sich mittelfristig, aus der tschetschenischen Abhängigkeit zu entkommen, und zwar durch Reparatur und Ausbau einer Leitung über Dagestan, das nördlich zwischen Tschetschenien und dem Kaspischen Meer liegt, die sogenannte Nordroute nach Noworossijsk. Dagestan strebt wiederum einen Zusammenschluss mit Tschetschenien an, dann hätten die Russen überhaupt keinen direkten Zugang zu Baku mehr. Ein Zusammenschluss der beiden Staaten wäre mit hoher Wahrscheinlichkeit ein neuer Kriegsgrund. Wie sehr die Begehrlichkeit auf Durchleitungsgebühren wächst, zeigt sich an den Lesginen; ihr Gebiet hat nicht mehr als eine halbe Million Einwohner, sie fordern aber ebenfalls eine Durchleitungsgebühr, die als eine Art Maut den Transport von Erdöl und Erdgas massiv verteuern würde.

Die am meisten umkämpfte und gleichzeitig umgarnte Republik ist Aserbaidschan. Präsident bis 2003 war Haidar Alijew, ein ehemaliges Moskauer Politbüromitglied mit mehr als schillernder Vergangenheit. Alijew kam mithilfe der Russen nach einem Militärputsch gegen das pro-türkische Regime im Jahre 1993 an die Macht. Die damalige Unterstützung hinderte Alijew nicht daran, heute Beteiligungen und Explorationsrechte an die Bestbieter zu vergeben, ohne auf seine ehemaligen Gönner in Moskau übertriebene Rücksicht zu nehmen. Dies konnte er umso leichter tun, als er der am meisten von Petro-Dollars umworbene Staatschef in der ganzen Region war und auch verhindert hatte, dass russische Truppen auf seinem Boden stationiert sind. Allein der Krieg gegen Armenien um die Enklave Berg-Karabach forderte auf der Seite Aserbaidschans mehr als 20.000 Tote. Armenien dürfte mindestens die gleiche Zahl zu verzeichnen haben. Friede ist, auch unter dem neuen Präsidenten, Sohn Ilham Alijew, nicht in Sicht, obwohl er im Interesse aller Parteien stehen würde. Aserbaidschan hat die besseren Karten, da es aufgrund der zu erwartenden reichen Öleinnahmen besser gerüstet sein wird. Der gemäßigte armenische Präsident Lewon Ter-Petrosjan, der in dieser Einsicht eine kompromissbereite Politik gegenüber Aserbaidschan einschlug, sah sich im Februar 1998 zum Rücktritt gezwungen, da er für diese Haltung in seinem Land keinen Widerhall fand.

Das nördlich an das Kaspische Meer grenzende Kasachstan ist in der glücklichen Lage, in absehbarer Zeit über drei Abtransportwege für Öl und Gas zu verfügen. Umgekehrt könnte gerade diese Republik zum Zankapfel zwischen Russland und China werden. China hat sich nämlich 1997 mit über fünf Milliarden Dollar, der höchsten Auslandsinvestition, die das Land jemals getätigt hat, in das Ölgeschäft in Kasachstan eingekauft und 2009 eine Pipeline in das riesige chinesische Reich fertiggestellt.

Die Welt um das Kaspische Meer ist in Bewegung

Die zentrale Frage für die Russen ist, ob es ihnen gelingt, den Abfluss von Öl und Gas über das von ihnen kontrollierte Gebiet und die von ihnen beherrschten Rohrleitungen zu kanalisieren, oder ob das wertvolle Gut über den Süden ab- und das heißt an ihnen vorbeifließt. Wie lange sie dann einem eigenständigen Treiben ihrer ehemaligen Trabantenstaaten zusehen können, ist fraglich. Bei Erdgas, das im Gegensatz von Erdöl über Leitungen direkt zum Endverbraucher, sprich: zum Haushalt oder zum Kraftwerk zur Stromerzeugung geleitet werden kann, ergibt sich für die Lieferstaaten ein enormes Abhängigkeitsverhältnis zu Russland, welches (siehe Turkmenistan) das alte Leitungsmonopol voll in Anspruch nimmt. Die Russen wissen sehr wohl die Zeichen der Zeit zu deuten. Der damalige russische Verteidigungsminister Igor Sergejew argumentierte seine Aufrüstungspläne klipp und klar mit dem Hinweis auf den drohenden Ressourcenkrieg in Mittelasien aufgrund der zunehmenden Erschöpfung der Weltenergiereserven. Dabei war in Russland unter Boris Jelzin ein Regime an der Macht, das man in dieser Frage eher zu den Tauben als zu den Falken zählen kann.

Der damalige russische Verteidigungsminister Igor Sergejew argumentierte seine Aufrüstungspläne klipp und klar mit dem Hinweis auf den drohenden Ressourcenkrieg in Mittelasien aufgrund der zunehmenden Erschöpfung der Weltenergiereserven.

Wie wenig sich in den letzten hundert Jahren geändert hat, beweist das folgende Zitat aus der „Neuen Zürcher Zeitung" vom 14. Februar 1998: „Einer der einflussreichsten strategischen Denker Amerikas, der frühere Sicherheitsberater Brzeziński, erblickt in dem Staatengürtel entlang der Südgrenze Russlands einen ‚eurasischen Balkan', ein Pulverfass also, dessen Explosion der Westen verhindern muss. Wie die klassischen Geopolitiker des 19. Jahrhunderts sieht er ein gefährliches Machtvakuum im Herzen der eurasischen Landmasse, die er als Schachbrett bezeichnet, auf dem der Kampf um die globale Führungsstellung ausgefochten werde. Andere Beobachter greifen ebenfalls auf ein Denkmuster des letzten Jahrhunderts zurück und glauben, es habe – mit anderen Mitspielern und Trumpfkarten – eine neue Runde im Great Game begonnen, jenem heute mystisch verklärten Wettlauf des British Empire mit dem Zarenreich um die Machtpositionen in Zentralasien und im Mittleren Osten."[40)]

Das Gebiet um das Kaspische Meer bietet Konfliktstoff bis hin zu einem Dritten Weltkrieg.

Alle Strategen gestehen es ein, der Traum von der Weltherrschaft, vom günstigsten Zugriff auf die Rohstoffressourcen ist nicht ausgeträumt, die Konstrukteure üben die Durchsetzung, auch wenn sie ihr Ansinnen nobel als „globale Führungsstellung" titulieren. Das Gebiet um das Kaspische Meer bietet Konfliktstoff bis hin zu einem Dritten Weltkrieg, den der russische Präsident Boris Jelzin anlässlich der ersten ernsthaften Drohung der USA gegen den Irak im Januar 1998 in Aussicht gestellt und dessen Ankündigung er nur halbherzig zurückgezogen hatte. Zu dicht sind die weltweiten

Interessen an dem Gebiet, zu viel Geld fließt hinein. Mit einem eventuellen Verlust dieser Investitionen werden sich die Weltmächte nicht abfinden. Zu klar hat die letzte verbliebene Supermacht am Golf bewiesen, dass sie jederzeit bereit ist, ihre wirtschaftlichen Interessen auch militärisch durchzusetzen. Moderner Imperialismus findet heute über den Kampf um die Rohstoffquellen statt.

1) Die Presse, 4.8.1997
2) Das Sonntagsblatt, 26.1.1995
3) ebd.
4) „Ostwirtschaftsreport" der Economist Intelligence Unit (EIU) London, zit. n. Die Presse, 14.2.1998
5) Austria Presse Agentur, 4.11.1997
6) Handelsblatt, 21.3.2011
7) Barbara Nothegger, Europas lange Leitung, Die Zeit, 7.1.2008
8) ebd.
9) Handelsblatt, 5.5.2011
10) Lutz C. Klevemann, Der große Preis, brand eins Neuland, Oktober 2001
11) Hans Krech, Vom II. Golfkrieg zur Golf-Friedenskonferenz (1990–1994). Handbuch zur Geschichte der militärischen Kräftebalance am Persischen Golf, Edition Temmen, Bremen 1996
12) Lutz C. Klevemann, Der große Preis, brand eins Neuland, Oktober 2001
13) ebd.
14) Der Spiegel, 29.12.2001
15) ebd.
16) BBC-News, 26.8.1998
17) Der Spiegel, 29.12.2001
18) Bob Woodward und Thomas E. Ricks, U.S. was foiled multiple times in efforts to capture Bin Laden or have him killed, The Washington Post, 3.10.2001
19) Die Süddeutsche Zeitung, 29.9.2004
20) Mirjam Hägele, Kleiner außenpolitischer Rückblick, Die Süddeutsche Zeitung, 27.2.2004
21) Der Spiegel, 20.12.2001
22) ebd.
23) BBC-News, 18.9.2001
24) George Lefeuvre, Afghanische Patrioten, Le Monde Diplomatique, 8.10.2010
25) Andrew North, A war for the pipelines?, BBC-News, 8.11.2001
26) Ian McWilliam, Central Asia pipeline deal signed, BBC-News, 27.12.2002
27) John Shroder, Afghanistan's development and functionality: Renewing a collapsed state, Geojournal Volume 70/2007, S. 103
28) Régis Genté, Die Macht kommt aus den Pipelines, Le Monde Diplomatique, 8.6.2007
29) Ahmed Rashid, Vor dem Endspiel, Der Spiegel, 22.5.2010
30) Régis Genté, Die Macht kommt aus den Pipelines, Le Monde Diplomatique, 8.6.2007
31) M. K. Bhadrakumar, Russia, China, Iran redraw energy map, Asia Times online, 8.1.2010
32) Sonntagsblatt, 26.1.1995
33) Handelsblatt, 25.5.2005
34) Die Süddeutsche Zeitung, 14.7.2006
35) Thomas Franke, Ölpipeline mit Konsequenzen, Deutsche Welle, 26.5.2005
36) Martyna Czarnowska, James Bond, das Öl und die Moral, Wiener Zeitung, 11.7.2006
37) Gerd Höhler, Türkei will Ölpest am Bosporus vorbeugen, Frankfurter Rundschau, 5.7.2010
38) Thomas Franke, Ölpipeline mit Konsequenzen, Deutsche Welle, 26.5.2005
39) Die Presse, 5.5.1997
40) Neue Zürcher Zeitung, 14.2.1998

06

Friede durch Sonne

Eine Perspektive für das 21. Jahrhundert

Wie konkret die Militärstrategen die Gewaltanwendung zur Beschaffung von Rohstoffen bereits verinnerlicht, ja den Zugriff auf die Weltressourcen offensichtlich ohne Rücksicht auf tatsächliche Besitzverhältnisse sogar zu ihrem Selbstzweck gemacht haben, lässt das Ergebnis der NATO-Gipfelkonferenz am 7. und 8. November 1991 in Rom erahnen. In Punkt 13 der „Erklärung von Rom über Frieden und Zusammenarbeit" heißt es unmissverständlich: „Sicherheitsinteressen des Bündnisses können von anderen Risiken berührt werden", wie „der Unterbrechung der Zufuhr lebenswichtiger Ressourcen, sowie von Terror- und Sabotageakten". Für diesen Fall sieht die NATO Aktivitäten im Sinne Artikel 4 des Vertrags von Washington vor, und zwar in Form von Mechanismen für Konsultationen „zur Koordinierung der Maßnahmen der Bündnispartner einschließlich ihrer Reaktionen auf derartige Risiken“. Was kann hinter dieser Formulierung stecken? Wohl nicht mehr und nicht weniger als die Absicht, den gigantischen Militärapparat des Bündnisses in Bewegung zu setzen, wenn es zu Versorgungsproblemen kommt. Wenn zum Beispiel ein Land aufgrund von Eigenbedarf nicht mehr bereit oder in der Lage wäre, vertraglich festgelegte Lieferungen von Energieressourcen zu tätigen, hieße dies wohl, dass die NATO sich zu einem militärischen Angriff legitimiert sähe, immerhin sei ja die Zufuhr „lebenswichtiger Ressourcen“ unterbrochen. Oder gelten „Terror- und Sabotageakte“, die auf Pipelines in den GUS-Staaten jederzeit möglich sind, bereits als Grund, um in diesen Ländern durch die NATO militärisch zu intervenieren? Die NATO-Erklärung demonstriert auf jeden Fall, wie klar die Strategen auf das militärische Kalkül setzen, wenn es um die Ressourcenbeschaffung geht. Man könnte auch die NATO-Militärintervention in Libyen mit dem Sturz Gaddafis unter diesem Aspekt sehen, allerdings treffen hier die Interessen verschiedener NATO-Mitglieder aufeinander. Somit kann dieses Argument nicht eingesetzt werden und man legitimiert Bombardements schlicht als „Schutz der Zivilbevölkerung“.

Die NATO-Erklärung demonstriert auf jeden Fall, wie klar die Strategen auf das militärische Kalkül setzen, wenn es um die Ressourcenbeschaffung geht.

Eine echte Abkehr von der fossil-atomaren Energiewelt gilt zwar in den Sonntagsreden der Politik bereits als schick, der Durchbruch steht aber noch bevor.

Eine echte Abkehr von der fossil-atomaren Energiewelt gilt zwar in den Sonntagsreden der Politik bereits als schick, der Durchbruch steht aber noch bevor. Es gibt jede Menge politischer Absichtserklärungen, denen oft nur marginale Aktivitäten folgen, die zur Beruhigung des Gewissens dienen und bestenfalls kosmetischen Effekt haben.

Wenn die zentrale Ursache für die Zerstörung der Erdatmosphäre und vieler anderer Umweltschäden, von der Meeresverschmutzung bis zum

Schwermetalleintrag in den Boden, von der Erderwärmung bis zur Bildung des bodennahen Ozons, die fossile Verbrennung ist, und wenn einer der häufigsten Kriegsgründe in der Beschaffung dieser fossilen Energieträger liegt, und wenn man weiter davon ausgeht, dass nach Tschernobyl, Fukushima und unzähligen anderen Unfällen bzw. wegen ungeklärter Endlagerung der radioaktiven Restprodukte die Atomenergie keine Alternative darstellt, dann bleiben nur die erneuerbaren Energieträger als brauchbare Zukunftstechnologie.

Spätestens seit dem bahnbrechenden politischen Manifest von Hermann Scheer, „Sonnenstrategie – Politik ohne Alternative“[1)], und der praxisorientierten Machbarkeitsanalyse von Franz Alt, „Die Sonne schickt keine Rechnung“[2)], steht die grundsätzliche Umstiegsmöglichkeit auf solare erneuerbare Energieträger weitestgehend außer Streit. Man geht von der einfachen Formel aus, dass die Sonne in wesentlich weniger als einer Stunde mehr Energie an die Erde liefert, als die Menschheit in einem Jahr verbraucht. Zu lösen ist nur die intelligente Umwandlung und rationelle Nutzung.

Man geht von der einfachen Formel aus, dass die Sonne in wesentlich weniger als einer Stunde mehr Energie an die Erde liefert, als die Menschheit in einem Jahr verbraucht. Zu lösen ist nur die intelligente Umwandlung und rationelle Nutzung.

Die Suche nach konkreten Ansätzen hat Hermann Scheer geschickt genutzt und die Agenda 1 verkündet, die besagt, dass das zentrale ökologische Übel die fossile und atomare Energienutzung sei, und dieses eine Problem gelte es vorrangig zu lösen. Bis hin zur Bevölkerungsexplosion und dem damit verbundenen Welthunger hänge alles mit dem Energiemangel zusammen, argumentierte Scheer. Um keinen Zweifel über die Ernsthaftigkeit und Komplexität seiner Theorie aufkommen zu lassen, bestand er apodiktisch auf einer vollständigen Ablöse der fossilen und atomaren Energieträger. Sehr wohl erkannte er, dass es im Falle des radikalen Umstiegs auf erneuerbare Energieträger Sieger und Verlierer geben und es zu einer völligen Neuordnung der Geldströme in der Welt kommen werde.

Die anfänglich vorsichtigen Initiativen der Europäischen Union können als Wegweiser gesehen werden. Es galt als Meilenstein für die globale Energieentwicklung, als im Jahre 2001 schließlich die EU-Richtlinie zur Förderung von Strom aus erneuerbaren Energieträgern verbindlich für alle Mitgliedsstaaten in Kraft trat. Sie sah vor, den Anteil der erneuerbaren Energien am gesamten EU-Energieverbrauch bis 2010 von sechs auf zwölf Prozent zu verdoppeln. Nachdem die EU-Kommission 2007 erkannte, dass die Mitgliedsstaaten ihre Ziele zur Verdoppelung des Anteils erneuerbarer Energiequellen nicht erreichen werden, wurde 2009 die ursprüngliche Richtlinie durch eine neue Erneuerbare-Energien-Richtlinie (2009/28/EG) ersetzt. Darin wird verbindlich geregelt, dass bis zum Jahre 2020 der Anteil von erneuerbaren Energien in der Europäischen Union am Gesamtenergieverbrauch bei mindestens 20 Prozent liegen muss.

Die späte Einsicht, dass umfangreiche Energiesparprogramme nur effizient auf planwirtschaftlicher Basis durchsetzbar und daher politisch schwer argumentierbar sind, kostete wertvolle Zeit und hinterließ tiefe Ratlosigkeit. Erneuerbare Energieträger wurden zu lange als marginale Zusatztechnologien und für Inselbetriebe in Gebieten, die durch leitungsgebundene Versorgung nicht erreichbar sind, anerkannt.

Qualitativ ist die junge Solarbewegung der Achtzigerjahre des letzten Jahrhunderts gar nicht hoch genug einzuschätzen – die ersten sonnengewärmten Tropfen heißen Wassers aus der Leitung machten Appetit auf mehr, auf die Produktion von Strom aus Licht und Wind. Erstmals keimte der Gedanke der Unabhängigkeit von zentralen Versorgungsinstitutionen und weckte die Hoffnung auf den Ausbruch aus der unüberwindbar scheinenden Abhängigkeit von starken Nachkriegsmonopolen. Diese hatten zwar seinerzeit eine wichtige Entwicklungs- und Versorgungsfunktion inne, verselbstständigten sich aber auf dem Gipfel ihrer Allmacht. In der Auseinandersetzung zwischen Ökologie und Ökonomie hatte sich die Ökologie der Ökonomie zu beugen. Wachstum und Wettbewerb wurden kritiklos als unabdingbare Voraussetzung für Vollbeschäftigung und breiten Wohlstand deklariert. Zentralistische Technologien, allen voran die Atomkraft und Großwasserkraftwerke, waren die Symbole dieser Zeit.

Der Umstieg auf erneuerbare solare Energieträger ist weit mehr ein Gewinn für weite Teile der Menschheit, als dies im ersten Augenblick erkennbar ist.

Der Umstieg auf erneuerbare solare Energieträger ist weit mehr ein Gewinn für weite Teile der Menschheit, als dies im ersten Augenblick erkennbar ist. Er wird allerdings erst dann funktionieren, wenn die Menschheit das Ausmaß dieser Vorteile in vollem Umfang erkennt. Ohne den Einsatz erneuerbarer Energieträger führt sich jedes Schadstoffreduktionsziel ad absurdum. Der Umweltfaktor ist aber nur ein Bereich von vielen. Erneuerbare Energieträger sichern Arbeitsplätze und Industriestandorte, schonen die Ressourcen, ihre Technologie ist der Zukunftsmarkt des 21. Jahrhunderts. Man kann davon ausgehen, dass sich das gesamte wirtschaftliche, politische und soziale Gefüge dieser Welt durch den Einsatz erneuerbarer Energieträger verändern wird, ähnlich wie dies durch die Nutzung des Erdöls im letzten Jahrhundert geschehen ist.

Nach der industriellen Revolution, die der Menschheit ihren technischen Fortschritt, ihre Mobilität und ihren Wohlstand gebracht hat, kann die solare Revolution diesen Wohlstand dauerhaft absichern und ihn auch auf jene Teile der Weltbevölkerung ausdehnen, die bisher daran nicht teilhaben konnten. Es gilt nicht nur rein materiellen Wohlstand zu erringen, sondern eine umfassende Qualitätssicherung der äußeren Lebensumstände anzustreben. Dazu gehören unter anderem Umweltqualität, soziale Absicherung durch Arbeitsplatzsicherheit, Schutz der Gesundheit und langfristige Friedenssicherung.

Nach einer Studie, die im Auftrag der EU-Kommission erstellt wurde, schaffen erneuerbare Energieträger fünfmal so viele Arbeitsplätze wie die derzeitige Nutzung fossiler und atomarer Energieträger.

Nach einer Studie, die im Auftrag der EU-Kommission erstellt wurde, schaffen erneuerbare Energieträger fünfmal so viele Arbeitsplätze wie die derzeitige

Nutzung fossiler und atomarer Energieträger, und dies vorwiegend dezentral und sehr oft in wirtschaftlichen Randlagen und damit in Regionen mit besonders großen Arbeitsplatzproblemen. In diesem Zusammenhang ist auch zu beachten, dass die durch Energieumwandlung und Energiekonsumation in Bewegung gesetzten Geldströme neu geleitet werden. Es besteht für eine Volkswirtschaft ein gravierender Unterschied darin, ob das Geld innerhalb eines relativ geschlossenen Kreises zirkuliert oder an Dritte abfließt. Bleibt die Wertschöpfung der Energienutzung im Lande, so bleibt auch das Geld im Lande. Sie bewirkt eine umfassende wirtschaftliche Belebung, die sich nicht auf den reinen Energienutzungsprozess beschränkt, sondern sich auf sämtliche Bereiche der Volkswirtschaft vom Handwerk bis zum Bankwesen erstreckt. Da über die Mehrwertsteuer jeweils ein Teil auch an den Staat zurückfließt, sind alle Formen der Starthilfe bzw. der Implementierungsmaßnahmen kaufmännisch sinnvolle Investitionen.

Erneuerbare Energien durchbrechen das herrschende zentralistische System, ihr Einsatz erfolgt dezentral.

Der sanfte Weg

Die Welt braucht eine neue und effiziente Friedensbewegung. Der entscheidende Ansatzpunkt dieser Friedensbewegung ist die Vermeidung militärischer Auseinandersetzungen durch Beseitigung der Kriegsursachen. Es gibt eine Unzahl von Möglichkeiten, sich diesem Ziel zu nähern und es schlussendlich zu erreichen. Entscheidend ist, dass die Bedeutung dieses Vorgangs erkannt wird. Die Durchsetzung wird von der Entschlossenheit abhängen, die möglichst viele Menschen aufbringen. Der Vorgang kann sich an Prioritäten orientieren.

Die schrittweise Einführung entsprechender fiskalischer Maßnahmen zur Belastung fossiler und Entlastung erneuerbarer Energieträger wäre ein erster Schritt in die richtige Richtung. Grundsätzlich ist ein Bündel von Maßnahmen Bedingung für den Erfolg eines solchen Planes. Die Reduktion des Verbrauchs und damit der Stopp kontinuierlicher Zuwachsraten stellt eine wesentliche

Voraussetzung dar. Während rein technisch der Ersatz fossiler Energieträger im Wärmebereich relativ unproblematisch ist, wird es auf dem Sektor der Mobilität wesentlich schwieriger, einen Ersatz von Benzin und Diesel als Energieträger herbeizuführen. Der Ausbau öffentlicher Verkehrsmittel ist eine konstante ökologische Forderung, an der nicht gerüttelt werden darf. Als Ersatz für Erdölprodukte bieten sich einerseits Elektroautos, Pflanzenöle, die ähnlich wie Biomasse CO_2-neutral wären, und andererseits die Wasserstofftechnologie an.

Der elektrische Strom bildet den Idealfall im Umstiegsszenarium. Technologien wie die Windkraftnutzung sind bereits betriebswirtschaftlich rentabel, die Photovoltaik verfügt über unendliche Primärenergieressourcen, die frei und unabhängig überall nutzbar gemacht werden können. Da circa 1,5 Milliarden Menschen auf dem Planeten Erde ohne Versorgung mit elektrischem Strom sind, öffnet sich hier auch ein gigantischer Zukunftsmarkt, der denjenigen zufallen wird, die als Erste diese große Chance erkennen. Erneuerbare Energien durchbrechen das herrschende zentralistische System, ihr Einsatz erfolgt dezentral. Entsprechend muss auch eine Friedensbewegung, die auf der Ablöse fossiler und atomarer Energieträger beruht, dezentral organisiert sein. Durch die „Gesundung" einzelner Zellen kann sich auf Dauer der gesamte Organismus erholen. Jeder Einzelne hat die Chance, aktiv an diesem Prozess teilzunehmen, zum einen durch Neuorientierung seines persönlichen Energienutzungsverhaltens, zum anderen durch Mitarbeit an kollektiven Aktionen.

Der Umstieg ist keine technische Frage, sondern eine Frage der politischen Rahmenbedingungen und somit steuerbar.

Der Umstieg ist keine technische Frage, sondern eine Frage der politischen Rahmenbedingungen und somit steuerbar. Und es ist die entscheidende Existenzfrage der gegenwärtigen und der kommenden Generationen.

1) Hermann Scheer, Sonnenstrategie. Politik ohne Alternative, Piper, München 1993
2) Franz Alt, Die Sonne schickt uns keine Rechnung. Die Energiewende ist möglich, Piper, München 1994

Alt, Franz
Krieg um Öl oder Frieden durch die Sonne
München, 2002 / Riemann Verlag

Amery, Carl / Grefe, Christiane / Scheer, Hermann
Klimawechsel – Von der fossilen zur solaren Kultur
München, 2001 / Verlag Antje Kunstmann GmbH

Benedict, Hans
Kirschen aus Sidon. Der Nahost-Konflikt in der Darstellung eines Augenzeugen
Wien-München, 1991 / Goldmann Verlag

Bérenger, Henry
Le Pétrole et la France
Paris, 1920 / Verlag E. Flammarion

Berger, Johannes / Büttner, Friedemann / Spuler, Bertold
Nahost Ploetz. Geschichte der arabisch-islamischen Welt zum Nachschlagen
Freiburg i. Br.-Würzburg, 1987 / Ploetz Verlag

Brandon, Samuel Georg Frederick (Hrsg.)
Meilensteine der Geschichte
Herrsching, 1982 / Pawlak Verlag

Campbell, Colin J. / Liesenborghs, Frauke / Schindler, Jörg / Zittel, Werner
Ölwechsel! – Das Ende des Erdölzeitalters und die Weichenstellung für die Zukunft
München, 2002 / Deutscher Taschenbuch Verlag GmbH & Co. KG

Engdahl, F. William
Mit der Ölwaffe zur Weltmacht. Der Weg zur neuen Weltordnung
Wiesbaden, 1993 / Dr. Böttiger Verlags-GmbH

Haffner, Sebastian
Anmerkungen zu Hitler
München, 1978 / Kindler Verlag

Krech, Hans
Vom II. Golfkrieg zur Golf-Friedenskonferenz
Bremen, 1991 / Edition Temmen Verlag

Maass, Peter
Öl – Das blutige Geschäft
München, 2009 / Droemer Verlag

Literatur

Parker, Robert Alexander Clarke (Hrsg.)
Fischer Weltgeschichte: Das zwanzigste Jahrhundert
Frankfurt am Main, 1987 / Verlag S. Fischer

Pater, Siegfried
Aufbruch ins 21. Jahrhundert mit Hermann Scheer - Anwalt der Sonne
Wien, 1998 / Uranus Verlagsgesellschaft m. b. H.

Scheer, Hermann
Energieautonomie - Eine neue Politik für erneuerbare Energien
München, 2010 / Verlag Antje Kunstmann GmbH

Scheer, Hermann
Sonnen-Strategie - Politik ohne Alternativen
München-Zürich, 1993 / Piper Verlag

Schindler, Jörg / Zittel, Werner
Geht uns das Erdöl aus? - Wissen was stimmt
Freiburg i. Br., 2009 / Verlag Herder GmbH

Schöllgen, Gregor
Geschichte der Weltpolitik von Hitler bis Gorbatschow 1941-1991
München, 1996 / Verlag C. H. Beck

Schulze, Reinhard
Geschichte der Islamischen Welt im 20. Jahrhundert
München, 1994 / Verlag C. H. Beck

Sponeck, Hans-Christof / Zumach, Andreas
Irak - Chronik eines gewollten Krieges
Köln, 2003 / Kiepenheuer und Witsch

Ulfkotte, Udo
Verschlusssache BND
München-Berlin, 1997 / Verlag Koehler & Amelang

Yergin, Daniel
Die Jagd nach Öl, Geld und Macht
Frankfurt am Main, 1991 / S. Fischer

Dank

Für die wertvolle Hilfe bei der Entstehung dieses Buches möchte ich mich bedanken bei: Mag. Gerhild Hofer, Dr. Arnold Klaffenböck, DI Vera Liebl, Ulrike Nuscheler, Lisa Panhuber, Marlies Schöpf, Mag. Anne-Catherine Simon und Ute Stockhammer.

Posthum steht natürlich auch der Geist von Dr. Hermann Scheer über diesem Werk, mit dem ich seit der ersten Begegnung am 27. April 1993 bis kurz vor seinem unerwarteten Ableben unendlich viele Gespräche über die Welt von morgen führen durfte.